保护地转型
与可持续旅游发展
理论与实践

吴必虎等　编著

中国旅游出版社

本书编委会

主　　编：黄晓辉　张　丽　聂委光

责任编辑：杨秋风　郭　潇　白　雪

编　　委（按照姓名首字母排序）：

陈梦媛	邓　冰	杜　蔚	范鸣晓	高　璟
黄珊蕙	纪凤仪	季辉英	姜丽黎	鞠　丹
黎筱筱	李　丽	李　敏	李　霞	李玉洁
刘原原	刘玉恒	马晓龙	秦　冉	王　珏
王禾婷	王金蕾	王立生	王仕源	王梦婷
王小莉	王亚博	温美雪	文　艺	吴朝阳
谢　明	谢冶凤	徐　拥	薛　涛	于小强
禹日红	湛　研	张　时	张　韬	张婉芸
赵俊峰	赵永忠	周　爽	祝　文	庄　萍
赵之枫				

序

国家级自然保护区和国家公园的核心保护区是否适合开展旅游活动？河湖岸线 50 米以内的范围，是否可以建设滨水或临水观景台或湖景餐厅？不可移动文物是否可以考虑活化利用，开展研学活动？在历史文化名城、历史街区和传统村落中，是否能够开展现代经营性商业活动？

相信很多读者，无论其社会角色是政府主管部门公务员、自然保护和文化遗产研究人员、涉事当地社区居民，还是前来参观的外地游客，都会被上述问题所困扰。因为正值国土空间现代化治理改革之际，所以，诸多关系仍待理顺，比如国家公园与自然保护地之间的关系、自然保护地边界内部和外部之间的关系、保护地文化遗存保护与利用之间的关系、中央政府和各级地方政府之间的关系、不同职能部门之间的关系、公共管理部门和其他利益团体之间的关系等。

正是基于多年来对上述一系列问题的实践观察和理论探索，包括北京大学城市与环境学院旅游研究与规划中心的学位论文研究与大地风景文旅集团各个层次的区域旅游发展规划与旅游景区创建测评实践案例研究，加上应邀参加全国性文化和旅游发展论坛、培训班，每年我都会有数十次主旨演讲的课件准备和演讲录音，逐步形成了关于各类保护地的旅游发展的系统思考和主要观点。这些观点不仅通过论坛和培训传播给各地政府官员和企业领导，还影响到我作为首席科学家的大地风景文旅集团各位合伙人和参控股公司成员单位所主持的遍及全国的甲方项目的实施。秉持"知行合一"的治学理念和"为大地保留和创造动人风景"的企业使命，我们团队集体完成了这本小册子的体系框架和案例整理，呈现给理论研究者和实践操作者。

全书分五个章节，为读者提供理论结合实际的概念构建与应用指引。第一章开宗明义提出保护地之内开展旅游活动的天然命题：不管是哪一类保护地，都存在某种形式的游憩或旅游的生态服务或文化传承的使命。第二、三、四章分别针对自然保护地、中国国家公园和文化遗产地的活化利用，提出相应的学术理念和基本理论，有条不紊地阐释较为符合中国国情的"护用并举"的分析框架，以供从事实际管理责任者的选用。最后一章第五章则是近年来大地风景经历过的实际案例的整理，响应上述理论框架的分析，以向传统保护地景区植入新的内容的话语体系，为相关保护地的可持续发展、特别是实现转型为可持续旅游目的地的目标，提供鲜活的案例分析，并为其他保护地的可持续发展提供可资借鉴的榜样。

保护地的可持续旅游，这个话题及其展开的讨论，不会因为这本书的出版而结束。但我相信，这本书的出版，可以有助于这一探索会在理论与实践两方面引起更广泛的关注，也会使保护地旅游资源保护与利用冲突的协调建立在更加理性的学理基础和实例评价基础之上。

是为序。

吴必虎

2023 年 8 月 30 日

苏州至北京高铁上

目　录

第一章

生态保护、文化传承与高质量发展

第一节　生态文明战略

一、生态文明战略的提出

建设生态文明是关系人民福祉、关乎中华民族永续发展的长远大计。2002 年，党的十六大提出了"推动整个社会走上生产发展、生活富裕、生态良好的文明发展道路"的战略目标。2003 年 6 月，《中共中央国务院关于加快林业发展的决定》出台，明确提出，"确立以生态建设为主的林业可持续发展道路，建立以森林植被为主体、林草结合的国土生态安全体系，建设山川秀美的生态文明社会"。2007 年，党的十七大将生态文明建设确立为全面建设小康社会奋斗目标的新要求。

党的十八大以来，党中央和国务院在统筹推进"五位一体"总体布局、协调推进"四个全面"战略布局中，将生态文明建设作为新时期治国理政理论体系的重要组成部分。这一重要组成部分形成了生态文明建设的基本框架，并标志着我国走向了社会主义生态文明新时代。2015 年 4 月，中共中央、国务院印发了《关于加快推进生态文明建设的意见》，系统提出了生态文明建设的行动纲领。同年 9 月 11 日，中央政治局会议审议通过了《生态文明体制改革总体方案》，进一步明确了改革的任务书和路线图。此外，随着 2015 年 10 月第五次全国人民代表大会的召开，生态文明建设首次被纳入国家五年规划，生态文明建设的重要性进一步被强化。2018 年 3 月，十三届全国人大一次会议通过了《中华人民共和国宪法修正案》，将"生态文明"正式写入宪法。在 2018 年 5 月 18 日至 19 日召开的第八次全国生态环境保护大会上，习近平总书记发表讲话，再次强调生态文明建设是关系中华民族永续发展的根本大计，推动中国生态文明建设迈上了新台阶。

党的十九大确认了中国特色社会主义进入新时代的历史方位，生态文明建设被提升到新的高度，开启了社会主义生态文明建设新时代的新征程。建设生态文明是实现中华民族伟大复兴的根本保障，也是推动经济社会科学发展的必由之路，更是顺应人民群众新期待的迫切需要。随着人们生活质量的不断提高，人们不仅期待安居、乐业、增收，更期待天蓝、地绿、水净；不仅期待殷实富庶的幸福生活，更期待山清水秀的美好家园。因此，大力推进生态文明建设，既是为顺应人民群众新期待而做出的战略决策，也为子孙后代永享优美宜居的生活空间、山清水秀的生态空间提供了科学的世界观和方法论。

党的二十大进一步阐述"推进美丽中国建设"，提出"中国式现代化是人与自然和谐共生的现代化"。相应地，大会做出了"推动绿色发展，促进人与自然和谐共生"的重要决策，并着重阐述了生态文明建设实践的四个重点领域：加快发展方式绿色转型，深入推进环境污染防治，提升生态系统多样性、稳定性、持续性，积极稳妥推进碳达峰碳中和。明确了新时代我国生态文明建设的战略任务，对生态文明建设提出了一系列新目标、新要求，做出了新部署，为建设美丽中国提供了根本遵循和行动指南，生态文明建设迈入新阶段。

2020年9月22日，习近平主席在第七十五届联合国大会一般性辩论上向全世界宣示，中国将提高国家自主贡献力度，采取更加有力的政策和措施，二氧化碳排放力争于2030年前达到峰值，努力争取2060年前实现碳中和。

2021年3月15日，习近平总书记主持召开中央财经委员会第九次会议时指出，实现碳达峰、碳中和是一场广泛而深刻的经济社会系统性变革，要把碳达峰、碳中和纳入生态文明建设整体布局。同年4月30日，习近平总书记在中共中央政治局第二十九次集体学习时指出，"十四五"时期，我国生态文明建设进入了以降碳为重点战略方向、推动减污降碳协同增效、促进经济社会发展全面绿色转型、实现生态环境质量改善由量变到质变的关键时期（白泉，2021）。

2021年9月21日，习近平主席又提出了包括"坚持人与自然和谐共生"在内的6条全球发展倡议，并宣布中国将大力支持发展中国家能源绿色低碳发展，不再新建境外煤电项目。

以降低碳排放为重点战略方向，意味着我国生态文明建设进入了从1.0版向 2.0 版升级的新阶段，从过去以末端治理为主，转向源头管控、过程优化、末端治理、废物循环四个环节协同发力，加快了产业结构、能源结构、交通运输结构、用地结构四类格局的调整。生态文明战略转型既是出于自然生态保护的需求，也是构建以国内经济循环为主体的可持续的质量效益型发展的必然要求（魏冰杰等，2020）。

二、生态文明建设新途径的探索

"建立以国家公园为主体的自然保护地体系"是我国生态文明建设的重要抓手和全新路径。2015 年，中共中央和国务院发布的《生态文明体制改革总体方案》明确提出"建立国家公园体制"；2017 年中共中央办公厅和国务院办公厅印发《建立国家公园体制总体方案》；2019 年两办继续印发《关于建立以国家公园为主体的自然保护地体系的指导意见》。上述文件明确了自然保护地相关体制和体系建设在生态文明建设进程中的重要地位。

近年，我国通过建立自然保护地体系，已经于 2021 年设立了首批 5 个国家公园，即三江源、大熊猫、东北虎豹、海南热带雨林和武夷山国家公园，并开展了全国范围自然保护地的整合优化工作。

2019 年 1 月，中央全面深化改革委员会审议通过《关于建立以国家公园为主体的自然保护地体系的指导意见》，整体生态系统保护的制度建设正逐步完善。"建立以国家公园为主体的自然保护地体系"为新时代中国自然保护地的发展指明了方向。

2023 年 1 月，国家林草局等四部门联合印发《国家公园空间布局方案》，遴选出 49 个国家公园候选区（含正式设立的 5 个国家公园），总面积约 110 万平方千米，确定了国家公园建设的发展目标、空间布局、创建设立、主要任务和实施保障等内容。通过各级国土空间规划与《国家公园空间布局方案》的紧密衔接，明确了国家公园、自然保护地、生态保护红线的空间对应关系，首次实现了所有国土空间统一规划和统一用途管制。

第二节　文化自信与文化传承

一、生态文化彰显文化自信

习近平总书记强调，"生态兴则文明兴，生态衰则文明衰"①。在推动生态文明建设的过程中，习近平生态文明思想逐步形成，这一思想继承并丰富了中国传统文化理念。

中国传统文化为生态文明建设提供了深厚的文化自信基础。在中国传统文化中，蕴含着丰富的涉及人与自然关系的思想，如"道法自然""天人合一"等。生态文明建设使生态文化更能彰显其独特的中国本土化的价值魅力。当代中国提出的可持续发展观、科学发展观，以及生态文明、五大发展理念等，都是在继承中华民族优秀传统文化和吸收、借鉴外来优秀的文明成果的基础上，通过反复实践、不断创新而形成和发展起来的。中国特色社会主义文化更能在建构生态集体主义价值观方面发挥更大作用。中国特色社会主义文化既蕴含了马克思主义的生态文明思想，又蕴含了中国传统的生态文化和本土化的西方生态文化，更蕴含了不断创新发展的可持续发展观、科学发展观和五大发展理念等当代中国的生态文明建设的理论成果，这些理论成果为彰显文化自信提供了基础。

二、我国自然保护地的文化属性

我国自然保护地具有显著的文化属性，是中国传统文化沉积的重要场所，不仅是中国传统哲学观点的孕育之源，也是宗教信仰与中国山水文化的起源和载体，是中华民族多元一体格局形成的见证，还是地方文化发生发展的过去、现在与未来，这决定了中国的自然保护地不仅需要保护自然生态系统、自然景

---

① 2022年12月15日，习近平在《生物多样性公约》第十五次缔约方大会第二阶段高级别会议开幕式的致辞。

观、自然资源，还需要促进保护和传承保护地文化特征（尹剑华等，2015）。

具体来说，我国传统文化中的环境观主要体现为"天人合一"思想，物质蕴含精神，文化与自然相互交融、渗透。此外，和谐之美、风水堪舆、山水亦均是中国传统文化用于观察自然空间的诸多视角。这些中国传统的环境观念在历史的人地相互作用下，造就了我国独一无二的、蕴含集体文化意义的综合景观区域，它们是当前自然保护地体系的重要组成部分（Zhou, et al., 2019）。以名称中包含中华五岳各山的保护地为例，其涉及的现状各级各类自然保护地共 17 处，涵盖风景名胜区、地质公园、森林公园、自然保护区、湿地公园和世界遗产 6 种类型。

同时，我国的自然保护地许多位于多省份交界地带，这些地区存在古代人们因交通需要而建设的一些古代驿道，例如经过三江源国家公园连通中原和古代吐蕃的唐蕃古道，以及经过武夷山国家公园连通福建与江西的分水关古道。古代道路和驿站体系在今天属于文化线路的范畴，而在长期的历史过程中，正是这些穿越不同文化区域的文化线路，促进了中华民族多元一体格局的形成，是保护地内具有重要集体文化意义的呈现（李祥哲，2019）。

此外，我国幅员辽阔，地方文化多样、物产丰富，许多保护地也蕴含地方文化景观和文化意义空间。我国 10 个国家公园试点区中有 8 个涉及少数民族聚居区；许多保护地中的自然元素或环境空间被当地人赋予文化和精神意义，如高山和雪豹之于藏民、竜山和竜树林之于壮族人民（刘冬青等，2017）。

综上所述，中国的自然保护地是蕴含国家尺度集体文化和区域尺度地方文化的综合景观区域。

第三节 绿色发展：生态保护与生态旅游相得益彰

一、绿水青山就是金山银山

2005 年 8 月 15 日，时任浙江省委书记习近平在安吉考察时首次提出"绿水青山就是金山银山"这一科学论断。在座谈会上，习近平同志讲道："我们过去讲，既要绿水青山，又要金山银山。实际上，绿水青山就是金山银山。"①9天后，习近平在浙江日报《之江新语》发表《绿水青山也是金山银山》的评论，明确提出，"如果能够把这些生态环境优势转化为生态农业、生态工业、生态旅游等生态经济的优势，那么绿水青山也就变成了金山银山"。

近年，习近平生态文明思想又明确回答了两个关键问题：一是"保护生态"要"以人为本"。2018年5月，习近平总书记在全国生态环境保护大会和2021年1月在省部级领导干部研讨班上指出，"良好生态环境是最普惠的民生福祉，坚持生态惠民、生态利民、生态为民"，"只有坚持以人民为中心的发展思想，坚持发展为了人民、发展依靠人民、发展成果由人民共享，才会有正确的发展观、现代化观"。二是"保护生态不等于人类啥也别干"。正如2018年习近平总书记再次考察长江经济带之后强调，"不搞大开发不是不要开发，而是不搞破坏性开发，要走生态优先、绿色发展之路"，"要正确把握生态环境保护和经济发展的关系，不能把生态环境保护和经济发展割裂开来，更不能对立起来"。

因此，绿水青山与金山银山是一体两面、辩证统一的关系，只有保护好了绿水青山，才能创造金山银山；在适当的条件下，应当选好路子、合理利用绿水青山，为人民带来金山银山。

二、生态旅游迎来重大机遇期

生态旅游是生态文明建设的重要组成部分，是环境友好型、非资源消耗型、生态共享型的旅游方式，符合生态文明理念，是实现从"绿水青山"到"金山银山"的重要途径。随着我国生态文明建设的不断深入推进，生态旅游已经成为推动生态文明建设的重要载体，迎来了黄金发展期和战略机遇期（虞虎等，2021）。

我国生态旅游发展至今，受各种因素影响，尽管无法单独统计其产业规

---

① 2005年8月15日，时任浙江省委书记的习近平在浙江安吉县余村调研时的讲话。

模，但其特色和规模已然形成。以森林旅游为例，根据2015年全国森林公园、湿地公园等的统计数据，森林旅游直接收入1000亿元，同比增长21.21%，创造社会综合产值7800亿元，占国内旅游消费34800亿元的22.41%，同比增长20.00%；接待游客约10.5亿人次，占国内旅游人数（40亿人次）的26.25%，同比增长15.38%；森林旅游管理和服务的人员数量达24.5万人，其中导游和解说员近3.8万人。此外，生态旅游发展也为农民脱贫增收带来新机会，更成为推动地方经济转型升级、促进消费的新引擎，对地方社会经济的带动作用越来越明显。

近年来，人们对生态旅游的兴趣不断增强，反映出时代潮流，即亲近自然、体验自然正成为一种时尚消费。越来越多的旅游者不满足于普通的观光旅游，而是追求更深层次的体验，重视参与性，如野生植物识别、野生动物观察、户外游憩活动、自然和文化传统体验等，甚至引进西方国家盛行的边走边学（向导旅游）和专门学习性旅游计划（团体教育性旅游）。政府明确引导、地方大力支持与良好市场前景均表明生态旅游迎来了重大机遇期。

三、生态旅游的高质量发展

生态文明战略与生态旅游密不可分，生态文明建设为生态旅游发展提供了基本保障，使生态旅游可以在资源环境承载力范围内实现与生态系统的良性互动和协调发展。生态旅游强调保护和发展并重，具有绿色环保和低消耗的特点，能够充分体现习近平总书记提出的"绿水青山就是金山银山"理论的要求（王国君等，2020）。

2020年5月，国家林业和草原局下发文件，提出"未来，国家林业和草原局将以'生态旅游'提法统领林草旅游工作，依托各类自然生态资源、向社会提供生态产品的各项工作都将一并纳入'生态旅游'大旗下"。也就是说，在我国，自然保护地旅游现象均可归于"生态旅游"概念之下。

根据现有研究，我国自然保护地普遍存在人类活动，且保护地普遍游客到访量大，如四川九寨沟和黄龙寺在疫情前几年每年到访量在120万人次以上[①]，2017年全国国家级风景名胜区到访量达1.2亿人次[②]，2019年全国各级森林公园到访量达到18亿人次[③]。因此，依托自然保护地生态旅游来实现文化自信的提升，是生态旅游高质量发展的重要体现。

自然保护地生态旅游高质量发展还离不开保护地对生态旅游开展的正确认识。具体来说，自然保护地需要从以下方面支持生态旅游的高质量发展：明确生态旅游发展空间、建设低碳化基础设施、构建科学的环境解说系统、优化产品结构与产品质量、强化旅游环境监督、编制旅游适应性管理指南、探索旅游区特许经营制度、提升游客责任意识、维护社区居民利益、强化从业人员培训和生态旅游专业教育、建立多样化资金支持机制、制定扶持与奖励制度。

旅游业是碳足迹的主要贡献者，高质量的生态旅游可以采取积极的政策和行动来保护生态系统与环境，助力中国加快实现2060年"碳中和"目标。生态旅游能够有效地协调人与自然、发展与保护之间的关系，落实国土空间用途管制制度，引导"三生空间"科学配置和山水林田湖草沙生命共同体的系统性保护修复。此外，生态地区往往与贫困地区重叠，因此，高质量的生态旅游可以通过提升社区参与能力、创新生态旅游产品以及实施治理体系现代化等措施，形成生态产业化、产业生态化的发展格局，从而帮助"绿水青山变成金山银山"，实现区域生态资产增值和社会福祉提升。

---

① 四川省旅游业统计公报
② 国家林业局、住建局统计数据
③ 国家林业局、住建局统计数据

第二章

自然保护地与自然旅游

建立以国家公园为主体的自然保护地体系，是贯彻习近平生态文明思想的重大举措，是党的十九大和二十大提出的重大改革任务。我国自然保护地面积广大，数量众多，生态系统类型多样，自然旅游资源丰富，发展自然旅游的条件得天独厚。中共中央办公厅、国务院办公厅印发的《关于建立以国家公园为主体的自然保护地体系的指导意见》中明确提出，"在自然保护地控制区内划定适当区域开展生态教育、自然体验、生态旅游等活动，构建高品质、多样化的生态产品体系"，无疑自然旅游是自然保护地可持续发展的必由之路。因此，理顺生态保护红线、自然保护与旅游发展的关系，将有助于协调自然保护地保护与开发的冲突，实现自然保护地"生态保护、绿色发展、改善民生"三效合一的目标。

第一节 自然保护地体系

一、自然保护地

什么叫自然保护地？就历史发展脉络来看，古代除了宗教神圣空间、皇家宫殿禁苑或皇家圈定狩猎保护地外，其他区域没有保护概念，对公众的进入和狩猎采集等活动都没有约束。因此，所谓自然保护地是现代以后，尤其是工业化以后才出现的概念，是指一类通过法律或其他有效方式得到认可、特别指定和管理，并以实现对自然及其所拥有的生态系统服务和文化价值的长期保护为目标，且边界清晰的空间区域，对保护地进行分类是管理目标不同的一种反映（Dudley，2008）。对于设立保护地的必要性，可以从很多角度来看，比如说中央或地方政府角度，管理目标的多样化，对人类福祉和利益的考虑，生物多样性、环境保护、自然进程重要性等，都是指定一个自然保护地时需要研究和考虑的问题。

自然保护地的设立和划分与经济发展水平紧密相关，当地方落后、城市化水平低时，整个地区本身就如同保护地一样受到干扰很小，人类对自然的影响不足以破坏原生态系统，因此设立自然保护地的需求并不大；而进入工业化时代以后，各类大型建设工程对生态系统的破坏越来越大，使自然保护地的设立和管理也变得刻不容缓。

根据生态特点、保护目标和管理模式的不同，自然保护地存在很多不同的类型。各种类型的自然保护地共同构成一个国家的自然保护地体系。如何制定科学、可行的自然保护地政策？保护地体系内有哪些具体的类型？每种类型的保护地对旅游或游憩的接受程度或承载能力有何差异？这是我们需要讨论的问题，也是最近几年的热点话题。

（一）自然保护地政策

自然保护地的设立目的之一是促进人类对自然资源的可持续利用，相应政策是为了更好地实现保护的目标。从管理政策来看，中国和西方国家都经历了或需要经历"单一保护—被动保护—积极主动保护"的发展过程。

单一保护是指对某一区域确定保护必要性后，对该区域进行边界划定和静态保护，严禁任何非保护行为。在施行单一保护行动过程中，由于逐渐受到其他利益主体，尤其是当地居民的反对，保护行动逐渐陷入被动状态，需要解决的问题层出不穷（Besculides et al.，2002）。为了应对这些问题，目前保护地已放弃最初的绝对、静态的保护模式，不再完全禁止当地居民图谋发展和开展旅游业。为此，IUCN 的世界保护地委员会（World Commission on Protected Areas，WCPA）也有专门的"旅游与保护地"专家组研究和处理保护地旅游可持续发展问题，并不定期出版保护地旅游和游客管理指南（Spenceley，2015）。

（二）自然保护地边界

边界的确定是自然保护地划定和实施保护的前提，是限制或禁止某些进入或开发行为的基本依据。自然保护地或国家公园如何确定保护及管理目标？如何确认划定保护地范围？这些都是在设立保护地过程中首先需要解决的问题。

具体来看，自然保护地边界需要由保护地的基本目标和决策需要来确定，

具有多重功能，通过 GIS 支持实际规划行为，能够用于评估多种可选计划
（Keisler et al.，1997）。我国的自然保护地边界存在模糊不清、多类重叠问题。
王连勇（2013）在对我国国家级风景名胜区边界及部分其他类型自然保护地
边界的研究中发现：我国的风景名胜区在各类现有地图上多以点的形式出现，
而几乎无法找到边界信息；国家级风景名胜区边界并非持久不变的，而是存
在频繁的变动调整，且规划边界与实际管控边界差距大。由此可见，自然保
护地的边界研究是一个重大的学术问题，反映了相关利益群体的博弈。

从生态学角度来看，对一个完整的生态系统或地理空间范围的确定相对
容易，如流域，按照分水岭划定即可；野象自然保护地，可以依据象的个体
或种群所需要的食物供给量或水源补给量来划定；大熊猫保护地，可以根
据大熊猫对竹子的摄入和排出比例，划定被保护的大熊猫生存所需要的范
围。但在实际操作中，仍然存在因边界划定带来的一系列问题。例如云南一
些沿河地区象群与当地农民的利益冲突问题时有发生。因此，从自然科学的
角度来讲，这些边界的划分并不是一个无法解决的问题，但是一旦涉及利
益博弈，则会产生划定困难的障碍，因为不同的群体对同一个区域有不同
的诉求。所以从社会科学的角度来看，自然保护边界研究就成了一个难点
问题。

（三）自然保护地等级

基于保护对象在全球、全国的重要性、稀缺性和科学价值，从世界自然
遗产到国家公园和其下的省级（州级）公园，自然保护地实际上存在不同的
等级。仅就省级保护地而言，在不同国家也有不同的称谓。美国称为州立公
园（state park）、日本称为国定公园（其国立公园相当于其国家公园）。欧洲
一些国家设立有区域公园（regional park），此外，英国的乡村公园（country
park）、法国的区域公园（parcs regionaux）、德国的自然公园（naturparks）
和荷兰的游憩公园（recreatieschaps）也都相当于我国的省级风景名胜区或美
国的州立公园。

以德国和法国的区域公园为例，德国自然公园规模一般在 0.5 万~36 万公
顷之间（平均面积约 8.5 万公顷，1 公顷 =104 平方米），分为大型和小型两

种。大型自然公园保护程度高，也提供休闲和旅游活动机会，类似国家公园；小型自然公园由协会、公私合作组织或地方行政机构管理，资金主要由土地所有者和社区提供（王洪涛，2008）。法国的区域公园在面积方面差异很大，例如奥弗涅火山区域自然公园面积达 39.5 万公顷，而什弗留兹山谷区域自然公园面积仅有 2.45 万公顷。法国区域公园的主要设立目的是保护自然或文化遗产和传统、开发和发展传统人类活动（农业、林业、牧场等）、提供旅游和户外游憩活动，尤其与社区和地方经济受益有关，往往由农场或小旅馆提供住宿（王心怡，2016）。

总体上，区域公园具有以下特征：占地面积相对较小，由区域内的政府直接管理或多方联合管理；指定目的包括保护独特地理景观、保护传承当地传统的遗产、开发利用自然吸引物；通常位于城市附近，并为游客提供多种教育和文化设施，对游憩活动有所限制；可以缓解国家公园的户外游憩压力（鲍勃－博拉等，2004）。

二、中国自然地保护体系

自然保护地是一个系统，也可以称为自然保护地体系。我国 2015 年提出"建立国家公园体制"，2019 年开始推进建立"以国家公园为主体的自然保护地体系"工作。体制是从国家机关、地方政府到企事业单位的机构设置、管理权限、工作部署的制度，体制的设立需要开展体制研究；系统（system）则包括国家公园、自然保护区、风景名胜区、国家地质公园等一套体系，相当于自然保护地（国家公园）由多种类型共同构成一个相互关联的保护地整体。

（一）中国自然保护地体系发展背景

除前文述及的 2017 年《建立国家公园体制总体方案》和 2019 年《关于建立以国家公园为主体的自然保护地体系的指导意见》外，自然资源部、国家林业和草原局于 2020 年 3 月印发了《关于做好自然保护区范围及功能分区优化调整前期有关工作的函》，确认了中国自然保护地体制和体系的基本方针和进一步工作办法。国家公园的体制建设不同于简单的体系构建，涉及行政单位的管辖权的划分以及中央和地方政府博弈关系的平衡。因此方案提出了建设中国国家公园的基本方针和战略。例如，将国家公园定义为"由国家批准设立并主导管理，边界清晰，以保护具有国家代表性的大面积自然生态系统为主要目的，实现自然资源科学保护和合理利用的特定陆地或海洋区域"。在行政单位的事权划分上，我国成立了隶属于自然资源部的国家公园管理局（即国家林业和草原局），其管辖范围很广，包括对所有类型自然保护地资源的保护和利用，这些保护地类型包括：原属林业部门的自然保护区、森林公园、湿地公园，原属国土资源部门的地质公园以及原属农业农村部管的草原保护区等。实际上，目前我国的国家公园主要聚焦于自然资源的保护、利用和管理。与美国国家公园体系不同，它暂时没有把历史文化遗产纳入管理范围（文化遗产划归文化和旅游部及其下国家文物局管理）。考虑到我国许多具有国家代表性的历史文化区域，如长城、大运河、黄河、长征等文化遗产，同样具有强烈国家象征意义和凝聚国民国家认同作用，中央宣传部、国家发展改革委、文化和旅游部等部门目前正在组织有关省份开展国家文化公园的规划建设工作。由此，中国实际上存在两种国家公园：一类是国家（自然）公园；另一类是国家文化公园。

（二）IUCN 自然保护地体系与中国自然保护地体系

根据 IUCN 保护地管理目标分类体系（见表 2-1），世界各国的保护地类型可依据管理目标分为 6 类。其中 I 类（含 I a 和 I b）和 II 类一般面积较大，如 II 类大致对应我国目前的东北虎豹国家公园、祁连山国家公园和大熊猫国家公园试点区，均跨多省省界。III 到 VI 4 种类型的自然保护地也具有很重要的保护意义，但从面积和指定数量来看均远不如前两类，例如与 IV 类保护地对应的国内水产种质保护区。

在 IUCN 分类体系中，II 类国家公园值得重点讨论。目前我国在对国家公园的保护级别定位是实行"最严格的保护"，而从 IUCN 的分类来看，最严格保护的保护地类型是 I a 类严格自然保护区和 I b 类荒野区，所以我国当前对国家公园的定位与 IUCN 的 II 类国家公园管理目标定位并不相同。从 IUCN

的定位来看，国家公园是相对严格、但严格程度弱于Ⅰ类的，保护和利用二者兼顾，Ⅰ类则是更侧重保护。从规模来看，国家公园一般很大，一般在6000公顷以上，例如美国黄石国家公园面积为9027平方千米、肯尼亚察沃东部国家公园（Tsavo East National Park）面积达13747平方千米。

Ⅰ类自然保护地在不同国家的实际情况不同。例如，《中华人民共和国自然保护区条例》对自然保护区的定义：对有代表性的自然生态系统、珍稀濒危野生动植物物种的天然集中分布区、有特殊意义的自然遗迹等保护对象所在的陆地、陆地水体或者海域，依法划出一定面积予以特殊保护和管理的区域。这类保护地的开发利用，虽然也有一些经济效益或其他效益，但是自然保护区主要就是牺牲这些当代效益，而重点考虑保护其生态价值。那些面积太小不足以建立国家公园但需要立法加以保护的区域，在西方国家也会设立保护区，它们包括特有的生境、生活着有价值的动植物群落或具有独特的景观（沙丘、湖泊、牧场、森林、河岸）。在南非，有五大野生保护动物（big five，即非洲的大象、犀牛、水牛、狮子、花豹），保护区以大型动物栖息地为主，原来是自然狩猎圈地，以狩猎活动为主，而现在禁止私自狩猎，"猎物"（games）也开始用以指代大型动物，这些保护地成为大型动物保护区（见表2-1）。

表2-1　IUCN保护地管理目标分类体系

类型		名称	简介
Ⅰ	Ⅰa	严格自然保护区	为保护生物多样性或地质地貌特征而设立的严格保护区域，严格控制人类到访行为，但可开展科学研究与监测。
	Ⅰb	荒野区	大片未被人类改造的、保留自然特征的区域，区域内无人类定居，设立目的是保存这种自然条件。
Ⅱ		国家公园	大片自然或近自然区域，主要目标是保护大范围生态过程及其生物物种和生态系统特征，也提供环境和文化方面的精神、科学、教育、游憩和访客到访机会。
Ⅲ		自然纪念物保护区	为保护某一种特别的自然纪念物而划定的区域，例如一种地形、一座海底山、一个洞穴甚至是一片古树林，尺度较小，有极高到访价值。

类型	名称	简介
Ⅳ	生境和物种保护区	特殊物种或生境保护区，该类保护地的管理以此保护目标为基础，一般需要管理方常规、积极的保护行为介入，来达到保护要求。
Ⅴ	陆地和海洋景观保护区	具有因人与自然的互动而具有独特特征的区域，同时区域具有重要的生态、生物、文化和景观价值，需注重保护区内人地互动的整体保护。
Ⅵ	自然资源可持续利用保护区	是保护生态系统、生境及其附带的文化价值和传统自然资源管理系统和区域。一般面积很大，大部分区域处于自然状态，其中一部分处于可持续的自然资源管理之下，主要目标之一是实现自然资源使用低水平、无工业化并与自然保护和谐相容。

资料来源：Dudley，2008：8-9

关于 IUCN 分类体系的其他几种类型的国内例证，如许多存在广泛人类活动和人文的景观的森林公园，可以归为Ⅴ类陆地和海洋景观保护区；我国东北地区伊春的一些红杉保护区域，或重庆存在的一些水杉保护区域，都可视为Ⅳ类生境和物种保护区。

（三）国家公园体制主导下的中国自然保护地体系

根据 2019 年《自然保护地指导意见》，目前我国自然保护地分类系统是"以国家公园为主体、自然保护区为基础、各类自然公园为补充"的结构。

国家公园以保护具有国家代表性的自然生态系统为主要目的，实现自然资源科学保护和合理利用的特定陆域或海域，是我国自然生态系统中最重要、自然景观最独特、自然遗产最精华、生物多样性最富集的部分，保护范围大，生态过程完整，具有全球价值和国家象征，且国民认同度高。

自然保护区以保护典型的自然生态系统、珍稀濒危野生动植物种为目的，有特殊自然遗迹意义，具有较大面积，须确保主要保护对象安全，维持和恢复珍稀濒危野生动植物种群数量及赖以生存的栖息环境。

自然公园主要保护重要的自然生态系统、自然遗迹和自然景观，具有生态、观赏、文化和科学价值，须确保森林、海洋、湿地、水域、冰川、草原、生物等珍贵自然资源，以及所承载的景观、地质地貌和文化多样性得到有效保护，包括森林公园、地质公园、海洋公园、湿地公园等，相对而言，保护力度较小，可供利用的可能性最大。

（四）风景名胜区：自然与文化保护并重的保护地

风景名胜区是我国原自然保护地体系中最重要的类型之一，其英译名曾一度使用"中国国家公园"（national park of China），根据国务院《风景名胜区条例》（2016 年修订），风景名胜区是指具有观赏、文化或者科学价值，自然景观、人文景观比较集中，环境优美，可供人们游览或者进行科学、文化活动的区域。由于风景名胜区中的"名胜"涉及较多人文景观，也就是文化遗产，使其与其他类型的自然保护地产生了性质上的差异。从利用兼容性来看，与自然保护区相比，风景名胜区是更能接受和满足旅游发展的一类保护地。这些中国的名胜具有十分独特的意义，它们与国际上的自然保护地都不相同。中国历史悠久、文化底蕴深厚，名胜二字恰如其分地概括了中国自然保护地的文化沉积（culture sediment），这些文化沉积对中国的城市规划或其他设计都非常重要。

对风景名胜区进行逐词逐字理解可以看出，"风景"即自然风景；"名"，有名、著名，丰富的文化特征（rich cultural identity）；"胜"，形胜，具体地点或标志（landmark），因此名胜是指有名的地标。所以，风景名胜是指经过历史事件、重要人物的作用，形成的自然风景和人文特色的融合区域。例如长江中游地区著名的南昌滕王阁、武汉黄鹤楼、湖南岳阳楼，单就建筑本身或其所能观赏的风景来说，可能与其他江滨景色相比并无特别，但由于历史上这三个建筑发生了许多故事、许多著名文人留下关于它们的诗篇，使得这些名胜与众不同，如王勃与滕王阁、李白与黄鹤楼、范仲淹与岳阳楼。此外，从中国传统的风水观念来看，这些楼阁的山水交会处选址也蕴含风水意义，因此，这些名胜在历史上被不断修复和原址重建。

1982 年，中国指定了第一批共 44 处国家级风景名胜区，而且规划面积都很大。包括八达岭—十三陵、北戴河、衡山、镜泊湖、太湖、西湖、雁荡山、黄山、天柱山、庐山、泰山、嵩山、武当山、峨眉山、黄龙—九寨沟等，其中黄龙—九寨沟一处名胜申报了两处世界遗产。总体来看，第一批国家级风景名胜区至今仍是自然保护和游憩利用协调发展的典范。

2018 年住房和城乡建设部推进出台了国家标准《风景名胜区总体规划标准》（GB/T 50298－2018），其中提及如下几个部分的规划：保护培育规划，是关于自然资源保护的内容；游赏规划，实际上就是游憩机会谱的利用；设施规划，关于交通等设施的规划；居民社会调控与经济发展引导规划、土地利用协调规划、分期发展规划。

李如生（2011）提出了风景名胜区保护性开发机制的概念框架，论述了风景名胜区保护性开发的中观和微观作用机理。他认为风景名胜区保护性开发的中观作用机制，实际上就是怎样看待在一定外在环境条件（特定类型、特定时期、特定容量、特定制度）下，风景名胜区的保护与开发的关系，关注点是人与自然的关系、人与环境的关系。从风景名胜资源保护和旅游开发两个方面，分别定义两个函数，这两个函数的组合变化关系，决定了一个风景名胜区最终的保护性开发状态。同时指出，风景名胜区保护性开发的微观作用机制，实际上就是如何看待风景名胜资源开发过程中不同利益相关者之间的关系在风景名胜资源保护方面所发挥的促进或阻碍作用，重点在于协调人与人的关系。风景名胜区的利益主体主要包括管理者、旅游经营者、社区居民和旅游者四大类。从保护与开发角度来看，每一类群体均有保护意识和开发、利用意识，只是保护程度和开发程度的强弱有所不同。风景名胜资源的保护性开发机制，应该是使各类主体的保护倾向度最大化，开发利用度合理化，防止对资源的过度掠夺和开采。

第二节　生态保护红线与自然旅游发展

当前我国处于生态文明体制改革的重要时期，为保障国家和区域生态安全，相继出台了关于生态保护红线、自然保护地体系及相关制度建立的系列政策。生态保护红线与自然保护地体系均为我国生态文明体制建设的重要内容，已有政策文件中多次提及两者的相互关系。总体来讲，"自然保护地作为生态保护红线区域重要组成部分"的基本定位已经明确。生态保护红线是中国在环境保护方面的一项制度创新，其目的是维护国家和区域的生态安全，保障人民群众的健康，实现社会经济的可持续发展，本质是维护国家或区域生态安全和可持续发展。

然而，不同文件对于自然保护地究竟全部还是部分纳入生态保护红线、哪部分自然保护地纳入生态保护红线等问题仍存在分歧，生态保护红线划定及红线区自然旅游发展之间的关系也有待进一步讨论。

一、什么是生态保护红线

（一）生态保护红线的提出背景

我国各级各类生态保护区域类型多，自然保护区、森林公园、风景名胜区、地质公园、湿地公园、饮用水源地等保护地数量达 10000 多处，约占陆地国土面积的 18%。尽管进行了很大规模的保护，但生态空间仍不断遭受挤占，生态系统退化严重，国家和区域生态安全形势严峻。此外，各类保护地存在空间界线不清，交叉重叠，管理效率低等问题。总体而言，资源约束压力持续增大，环境污染仍在加重，生态系统退化依然严重，生态问题更加复杂，资源约束、环境污染与生态恶化的趋势尚未得到逆转；国土空间开发格局与资源环境承载能力不相匹配，区域开发建设活动与生态用地保护的矛盾日益突出。基于此，国家将"红线"概念引入生态保护，通过"红线"途径进行生态保护管控，生态保护红线成为生态环境体制机制改革的重要制度创新。

2011 年，国务院发布《关于加强环境保护重点工作的意见》，首次提出"划定生态红线"，生态保护红线也因此成为继"18 亿亩耕地红线"后又一条被提到国家层面的"生命线"。

党的十八大以后，"生态红线"被进一步完善成"生态保护红线"，正式出现在党和国家文件中，被写入《环境保护法》和《国家安全法》。

在 2013 年党的十八届三中全会上，"划定生态保护红线"被作为改革生态环境管理体制、推进生态文明制度建设的最重要举措之一。

2015 年，划定工作被列入国家生态文明建设的纲领性文件和实施方案之中，也进入了各级政府实质性推进阶段。

2017 年 2 月 7 日，中共中央办公厅、国务院办公厅印发《关于划定并严守生态保护红线的若干意见》，确定到 2020 年年底前，全面完成全国生态保护红线划定，勘界定标，基本建立生态保护红线制度。"生态保护红线"上升为国家战略。这是继耕地红线、水资源管理红线之后，首次将"红线"概念引入生态保护。《意见》发布标志着红线划定工作正式启动。

2017 年 5 月 27 日，《生态保护红线划定指南》（以下简称《红线划定指南》）技术规范印发，明确了划定管控要求：生态保护红线原则上按禁止开发区域的要求进行管理，严禁不符合主体功能定位的各类开发活动，严禁任意改变用途，确保生态功能不降低、面积不减小、性质不改变，该指南成为各地生态保护红线划定工作的主要技术指导依据。

2019 年 11 月，中共中央、国务院发布的《关于在国土空间规划中统筹划定落实三条控制线的指导意见》（以下简称《三线意见》）中，写明了生态红线范围内的自然保护地核心保护区和其他区域在管控强度和政策上的差异。

（二）生态保护红线的内涵

生态保护红线的实质是生态环境安全的底线，目的是建立最为严格的生态保护制度，对生态功能保障、环境质量安全和自然资源利用等方面提出更高的监管要求，从而促进人口资源环境相均衡、经济社会生态效益相统一。生态保护红线具有系统完整性、强制约束性、协同增效性、动态平衡性、操作可达性等特征。

生态红线的内涵包括三个方面：一是生态服务保障线，即提供生态调节与文化服务（非物质服务），支撑经济社会发展的必需生态区域；二是人居环境安全屏障线，即保护生态环境敏感区、脆弱区，维护人居环境安全的基本生态屏障；三是生物多样性维持线，即保护生物多样性，维持关键物种、生态系统与种质资源生存的最小面积[1]。

---

① 国家发展改革委、环境保护部、国土资源部、林业局，2017，中华人民共和国生态红线划定标准（试行），日报公告中央文件（中发〔2017〕30 号）。

基于此，生态保护红线成为政府界定生态保护和开发管控边界的管理工具。总的来说，生态保护红线不是物理空间的一根线，它是保持生态性稳定的最低要求，是一个管理目标，是落实"绿水青山就是金山银山"理念的平衡线。

二、生态保护红线的划定

生态保护红线的划定，采取国家指导、地方组织，自上而下和自下而上相结合，科学划定的指导思想。现行各地生态保护红线划定工作的主要技术指导依据为 2017 年 5 月 27 日发布的《红线划定指南》。

划定生态保护红线是一项复杂的系统工程，要在技术层面上解决在哪划、划什么、怎么划的问题。简单而言，划定生态保护红线要经过以下 3 个步骤：

一是开展科学评估。这是划定生态保护红线的基础性工作，就是通过生态系统重要性评价和生态系统敏感脆弱性评价，在生态空间中科学系统地识别出生态保护的空间分布格局，明确需重点保护的区域。

二是明确划定范围。依据科学评估结果，将生态功能重要或生态环境敏感脆弱的区域进行空间叠加，纳入生态保护红线。从空间范围看，应至少包括：主体功能区规划中明确的禁止开发区域，以及国家公园、湿地公园、饮用水水源地等具有法律法规明确保护和管理要求的区域；此外，各地认为有必要严格保护事关生态安全格局的重要区域并纳入生态保护红线，如生态廊道、极小种群栖息地等。需要特别说明的是，城镇空间、农业空间是与生态空间并列的三大国土空间，为避免相互交叉，城镇建成区、农田范围内需要保护的区域不纳入生态保护红线。

三是勘定边界。生态保护红线的边界应以全国土地调查、地理国情普查工作成果为基础，结合已有保护地边界和自然边界，保证红线的连续性和完整性，将红线边界落到具体地块。生态保护红线落地后，要查明各类基本信息，形成生态保护红线数据"一个库"、分布"一张图"，在勘界基础上设立统一规范的标识标牌，让公众真实感受到生态保护红线的存在。

三、自然保护地与生态保护红线区的关系

在如上三个步骤中，明确划定范围和勘定边界是最有争议的两个问题。自然保护地体系与生态保护红线均为我国生态文明体制建设的重要内容。已有政策文件明确了"自然保护地应当是生态保护红线区域重要组成部分"的基本观点。中共中央、国务院及多个部门陆续出台了多个相关政策文件，进一步明确、细化了自然保护地纳入生态保护红线区域的条件（见表2-2）。

表2-2 基于相关政策文件的自然保护地与生态保护红线关系分析一览

发布时间	发布部门	文件名称	自然保护地与生态保护红线相互关系表述	关系分析
2015年5月8日	环境保护部	《生态保护红线划定技术指南》	自然保护区原则上全部纳入生态保护红线，对面积较大的自然保护区，其实验区根据生态保护重要性评估结果确定纳入生态保护红线的具体区域范围。	部分自然保护地纳入生态保护红线区域
2017年2月7日	中共中央、国务院	《关于划定并严守生态保护红线的若干意见》	国家级、省级禁止开发区域的自然保护地，以及有必要严格保护的其他各类保护地要纳入生态保护红线范围。	部分自然保护地纳入生态保护红线区域
2017年7月20日	环境保护部、国家发改委	《生态保护红线划定指南》	生态保护红线空间范围应涵盖国家级和省级禁止开发区域。国家级和省级禁止开发区域包括：国家公园；自然保护区；森林公园的生态保育区和核心景观区；风景名胜区的核心景区；地质公园的地质遗迹保护区；世界自然遗产的核心区和缓冲区；湿地公园的湿地保育区和恢复重建区；饮用水水源地的一级保护区；水产种质资源保护区的核心区；其他类型禁止开发区的核心保护区域。对于上述禁止开发区域内的不同功能分区，应根据生态评估结果最终确定纳入生态保护红线的具体范围。位于生态空间以外或人文景观类的禁止开发区域，不纳入生态保护红线。	部分自然保护地纳入生态保护红线区域

续表

发布时间	发布部门	文件名称	自然保护地与生态保护红线相互关系表述	关系分析
2017 年 9 月 26 日	中共中央、国务院	《建立国家公园体制总体方案》	国家公园纳入全国生态保护红线区域管控范围，实行最严格的保护。	部分自然保护地纳入生态保护红线区域
2019 年 6 月 26 日	中共中央、国务院	《关于建立以国家公园为主体的自然保护地体系的指导意见》	要将生态功能重要、生态环境敏感脆弱及其他有必要严格保护的各类自然保护地纳入生态保护红线管控范围。	部分自然保护地纳入生态保护红线区域
2019 年 11 月 1 日	中共中央、国务院	《关于在国土空间规划中统筹划定落实三条控制线的指导意见》	对自然保护地进行调整优化，评估调整后的自然保护地应划入生态保护红线；自然保护地发生调整的，生态保护红线相应调整。生态保护红线内，自然保护地核心保护区原则上禁止人为活动，其他区域严格禁止开发性、生产性建设活动，在符合现行法律法规前提下，除国家重大战略项目外，仅允许对生态功能不造成破坏的有限人为活动。	部分自然保护地纳入生态保护红线区域
2020 年 1 月 17 日	自然资源部	《省级国土空间规划编制指南（试行）》	优先保护以自然保护地体系为主的生态空间。全面评价山脉、森林、河流等自然景观资源，保护自然特征和审美价值。构建历史文化与自然景观网络，统一纳入省级国土空间规划。	部分自然保护地纳入生态保护红线区域

资料来源：王应临、赵智聪，2020.

在这种背景下，由于我国国土空间体系和自然保护地体系处于变革关键期，对生态保护红线和自然保护地内涵的认知也不断变化，导致不同地方政府和部门对生态保护红线、自然保护地体系及两者之间的关系认识不一，所确定的红线划定指标和阈值差异较大（详见第本章第四节）。

四、中国自然保护地旅游发展

随着生态文明建设的持续推进，以国家公园为主体的自然保护地体系建设是国土空间规划和保护的重点，也是维护国家生态安全的重大举措。如前文所述，《自然保护地指导意见》明确指出需要在自然保护地适当区域开展包括自然体验和生态旅游在内的多种活动，以促进生态产品高品质、多样化供给。可以看出，自然保护地以资源保护为前提，以旅游产业促发展，提供国民福祉空间。换言之，自然保护地除了肩负生态系统和生物多样性保护功能外，因其独特的自然环境特征和资源基础，也常被视为重要的旅游空间。

自然保护地旅游是生态旅游的重要形式，其核心是生态环境体验和自然科普教育。传统的生态旅游主要以自然环境的游览和观光为主，游客通过欣赏独特的自然环境，获得身心的放松和舒适的旅游体验。在文旅融合背景下，文化挖掘赋予生态旅游等新的生机。

其一，我国许多保护地具有的集体文化象征意义。不仅因许多名山大川通过历代诗词歌赋和历史资料的传承，使之成为广大国民心目中的文化符号（例如，五岳、庐山瀑布等），而且因为我国长期保持的"大一统"政治格局，许多保护地作为多行政区交界地，成为两个或以上地域文化的边缘区，文化冲突与交流频繁，故可能存在另一种特殊的集体文化意义——如武夷山国家公园是赣、闽与越文化边界处，也是分水关古道所经；大熊猫国家公园是秦、陇、蜀三种文化边缘，也是许多古蜀道所经；三江源国家公园是汉、藏等多种文化边缘，唐蕃古道从中经过。

其二，自然保护地所在区域具有独特地域文化。我国地域类型多样，地方文化丰富，而自然保护地大多分布于高山、峡谷、河流、湿地等独特的地质地貌区，这些地区往往具有独特的地理环境，也孕育出了典型的地域文化，为丰富游客体验提供了人文资源基础。

其三，自然保护地形成了高质量的科学文化。结合保护地特点，从保护物种、生态系统、环境要素、演变构造等角度进行展示，打造科普教育的最佳课堂。而自然保护地独特的自然环境也是游客自然美学的教育场所，挖掘其中的历史、生态和艺术内涵，对于提升自然保护地旅游产品层次，提升供给质量具有重要意义。

文化的注入催生了诸如科普游、民俗游、民宿游、营地游等新业态，为自然保护地旅游发展提供了新的思路。

旅游的发展为自然保护地的保护和建设提供了资金途径，改善了政府单一拨款的经济现状。同时，旅游开发推动了周边社区的建设和基础设施的提升，带动了社区居民参与旅游业运营，提升居民收入、改善生活质量（Besculides et al., 2002）。同时，旅游发展也带来了一定的问题，尤其是过度旅游化，对自然环境和生态系统的稳定性保护带来了不利的影响，违背了自然保护地设立的初衷。例如，过多的游客挤入玉龙雪山，加速冰川融化过程、高山植被遭到破坏、野生动物急剧减少，给冰川生态系统造成了难以恢复的损害，最终不得不限制游客流量，并投入巨资进行修复。如何兼顾生态环境保护与旅游高质量发展，需要在理顺其关系的基础上探寻合理路径。因此，必须探寻兼顾旅游可持续发展与自然保护地科学保护的合理路径，在适度范围内，以合适的方式发展旅游，实现保护和发展的双重效应。

在自然保护地整合优化工作完成之前，我国存在 10 余种类型且数量庞大的自然保护地。近年来，一系列生态保护政策制度相继出台、持续更新，国家公园、自然保护区和自然公园由于定位和功能分区不同，生态红线管控要求也在不断演进。结合当前自然保护地旅游发展情况，协调旅游资源保护与利用之间的冲突是当前自然保护地体系建设亟待解决的关键问题之一，也是现阶段自然保护地建设所面临的现实问题。与此同时，自然保护地旅游发展也面临着新的时代背景。党的二十大将"高质量发展"确定为全面建设社会主义现代化国家的首要任务。高质量发展包括建设现代化产业体系、全面推进乡村振兴、促进区域协调发展等内容，而自然保护地旅游与乡村振兴、区域协调发展密切相关。因此，自然保护地旅游如何承担新使命、在旅游业发展中严守生态红线成为新的命题。

第三节　自然保护地游憩机会的供给与管理

一、自然保护地游憩与旅游政策供给与政府治理

（一）自然保护地社区发展与公众参与

与美国国家公园不同，中国的各类自然保护地通常有大量当地居民生活于保护地内，并且早于保护体制的建立之前很多年这些居民就已经成为当地的主人。因此，保护地的建立和管理如果忽视社区发展，将会造成双方的冲突。

公众参与（public participation）是各类规划均需注意的内容，在自然保护地规划中尤其重要，因为对自然保护地开展单一的生态系统和环境保护必然会导致当地社区生计维持及生活生产问题，另外也无法履行其作为公众游憩空间载体的重要职能，进而可能引发公众不满。社区原本是地方生态系统的一部分，而当其所在的区域因对全人类具有的重要生态价值而不得不被保护起来时，其生活方式也需要发生改变，以适应社会普遍现代化所带来的转变，而由原来的自然生产状态转为接待到访游客就是这种转变的体现形式之一（Kneafsey，2001）。所以，将社区及其他国民公众意见纳入保护地规划中来至关重要。地方社区参与保护地旅游管理可略分为 7 个层次（见表 2-3），不同区域、不同发展阶段的保护地可能出现不同的社区参与情况。

表 2-3　社区参与自然保护地旅游规划和管理的 7 个层次

类型	特点
操控式参与	参与只是一种形式，人们无权参与决策。
被动式参与	已经决定或已经发生，人们是被告知的参与。

类型	特点
咨询式参与	人们通过接受咨询和回答问题进行参与，过程中不允许任何共同决策，不需要专业人员考虑人们的观点。
物质式参与	人们通过提供资源（如劳动力）以获得食物、金钱或其他物质奖励的方式进行参与。在回报终止时，人们也与这些物质是否可继续获得无利益关系。
功能性参与	参与被视为外部机构实现他们项目目标的方式，可能包括共同决策，但仅在外部机构的主要决策已完成后。
互动式参与	人们参与行动计划的共同分析和制订，参与是一项权利，涉及结构化学习过程。
自我动员式参与	人们掌握主动权，并独立于外部机构，他们保留对资源使用和决策的控制。

资料来源：Pretty, 2005；转引自 Leung, Spenceley 等，2020：52。

除了当地社区参与，还需要考虑到访客的参与。保护地管理需要考虑到访者愉悦体验和地方自然文化资源保护，因此通过互联网实现公众参与规划制定，并测评到访者体验、环境影响和对设施的需求有利于促进更广泛的公众参与。实际操作层面，公众参与是建立在对规划是一种合作的共识之上的，这具体又包括5个方面：所有合作者决定、理解并同意他们在自然保护地的角色和职责，并形成书面文件；所有合作者共同承担责任与义务；合作关系是相互惠益的；制订出一套评估机制，来评判合作关系成功和受益与否；以开放和真诚的沟通为前提。这种合作不仅包括公众以个体形式的参与，还包括非政府组织（NGO，non-governmental organization）、私有部门等（Leung et al.，2020）。

具体而言，在公益事业被授权地方政府管理的模式下，地方更重视保护地所带来的经济效益，公众游憩权与地方居民对资源的依赖成为获取这种效益的阻力，因此长期以来公众参与机制也未得到足够重视。在当前新体制建设背景下，公众参与成为试点内容的一部分，三江源、武夷山等国家公园试点均在正式规划发布前增加了公众意见征询环节，通过官方网站发布征求意见版规划文本，但参与效果仍有待进一步探讨。

（二）自然保护地游憩和旅游：一类准公共产品

自然保护地往往拥有最珍稀的自然与文化遗产类旅游资源，而且产权属性十分特殊，为全民所有。从经济学角度而言具有消费的非竞争性、非排他性特征和公共产品属性（Mankiw，2015），因此，以欣赏、享受这些遗产资源为内容的游憩和旅游产品也自然成为公共部门生产的准公共产品。准公共产品是作为具有有限的非竞争性或有限的非排他性公共产品，介于公共产品和私人产品之间，通俗地讲，就是需要政府提供支持，不能完全商业化，也无法完全公共产品化的一类产品。

然而，当前我国各类自然保护地的游憩和旅游供给与这一定位不完全一致。首先，一些保护地，如黄山、峨眉山，作为世界遗产地，尽管并未被列为国家公园体制试点区，但其实质上相当于资源禀赋等级极高的自然保护地，而其经营的市场化行为却明显与准公共产品定位不同，实际上形成了一种以"公共产品为由，又排除私人生产者"的"行政性垄断"（马梅，2003）行为。另一方面，保护地门票价格是判断准公共产品公益性的重要标准。据研究，我国仅仅国家标签类自然保护地的门票价格一项就占到了城镇居民年娱乐、教育、文化消费总额的 4.5%~18 %，如果单算门票价格占城镇居民年娱乐消费的比例则占比更大（马梅，2003）。

在巨大的人口基数背景下，一方面是假期供给不足且带薪休假未落实的现实问题，虽然《国民旅游休闲纲要（2013—2020 年）》目标第一项规定到 2020 年，职工带薪休假制度基本得到落实，但现状并不乐观。另一方面是游憩和旅游活动受景区资源季节性、行为人的季节性意愿等方面影响强烈，分散时间压力较有难度。当游客大量、短期、集中进入一个区域时，既会对保护地造成生态压力，也会给游客带来拥挤、体验不佳的感觉。作为准公共产品的游憩和旅游产品应如何应对转型压力，是值得进一步思考的问题。

二、自然保护地的旅游（游憩）活动谱

（一）游憩作为一种生态系统服务类型

自然保护地以生态保护为第一目标，在此基础上实现绿色发展和改善民生，因此，自然保护地开展的游憩或旅游活动类型存在一定限制。如图 2-1 所示，在千年生态系统评估（Millennium Ecosystem Assessment，MEA）中，生态系统具有 3 种人类生存生活息息相关的服务类型：供给服务，比如土地生产粮食、提供淡水、木材等；调节服务，森林系统可以维持生态平衡，若下雨则可以防止水土流失，若干旱则可以涵养水分；文化服务，或可称之为"非物质生态系统服务"，即非物质服务、非消耗服务，如游赏、绘画、摄影等非物质或者非消耗型的自然资源使用方法。这与伐木、种粮种茶等对自然的利用方式相比，对自然环境影响小得多，因为前两种供给服务、调节服务均为物理性的，而文化服务为非物质、非消耗性的。

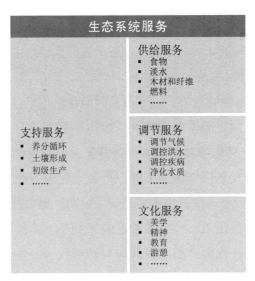

图 2-1　生态系统服务

（MEA. Ecosystems and Human Well-being：A Framework for Assessment，Washington，DC ［M］. 2003：5.）

（二）游憩机会谱

游憩机会谱来源于美国，美国农业和森林管理局（US Department of Agriculture，Forest Service，1982）针对不断增长的游憩需求和使用资源稀缺引起的冲突，提出一个编制资源清单、规划和管理游憩经历及各种环境（物质、社会、管理）的框架。游憩机会谱的基本假设就是通过提供各种各样的机会使游憩者的体验质量得到最好的保障，通过在不同类型区域设计不同的游憩活动来缓解资源压力，实现可持续利用。游憩机会谱是美国研究出来的一个模式，该模式列出了一套分区规范，但并不具备普适性，每个景区都应该研究自己的游憩机会谱。从技术上来说，首先要进行旅游资源的供给调查，然后把游憩活动进行区分，按照不同的生态系统、种群、群落，然后规划该景区适合开展的游憩活动。

美国农业和森林管理局提出来综合游憩活动，环境和体验确定了原始（Primitive）、半原始无机动车（Semi-Primitive Non-motorized）、半原始有机动车（Semi-Primitive Motorized）、通路自然区域（Roaded Natural）、乡村（Rural）、城市（Urban/Developed）这6个游憩机会序列。6种区域能够开展的旅游活动方式是不同的。

因此在做自然保护地规划的时候，也需要根据自然保护地特征来确认是否可以开展旅游活动，可以开展什么样的旅游活动。例如，所处地带是热带雨林，还是青藏高原的草甸或者荒原，然后再因地制宜地提出适宜的游憩活动产品。此外，还应确认需要限制游憩活动开展的区域，一个面积约100平方公里的自然保护地，即使整体属于敏感区域，但拿出1平方公里用于游憩或环境教育，就可以向公众传达这100平方公里乃至全球的环境保护思想，比起完全封闭的管理更具有可持续性意义。

因此，业界应该达成一个共识：自然保护地不应在整个保护区域内到处开发，而应集中在很小一个范围里面密集开发，将一个相对原始生态没那么重要的地方拿出来集中供应游憩需求。这样延伸出来看，我国水利部门和环保督查规定一条河或者一个湖，在其水面外扩50米以内或一定距离以内不得有任何建筑，这个规定是不科学的。因为一片水面除了生态保护以外，它还有灌溉、饮水、审美等功能，仁者乐山、智者乐水。假设一个湖泊有 200 公里长的湖岸线，规划时拿出一公里、三公里指标分散开来，每隔几公里有几十米进行使用，并不会影响湖泊的生态，并且像审美、游憩等使用方式，哪怕临近湖旁边，在湖上架悬空的设施并不会对湖泊生态造成影响。由此可见，对可供游憩利用的岸线进行有效分区规划可以充分发挥生态资源的综合效用。

此外，自然旅游要防止反自然建设，杜绝自然景区过度人工化。自然保护地游憩机会谱里面也包括了生态旅游、野生动物旅游，像武夷山、三江源、九寨沟，尤其是像四川大熊猫，还有东北的虎豹，这几个国家公园都应涉及野生动物旅游。

三、自然保护地的旅游产品类型

谢冶凤等（2021）对已有自然游憩、生态旅游和自然旅游产品进行了系统的调查分析，最终总结归纳了中国各种类型自然保护地适宜开展的自然游憩和生态旅游产品谱，涉及六种主要产品，在对自然环境的干扰程度上，呈现出由低到高的倾向：从科考探险、野生动物旅游、自然教育，到健康休养、户外运动和自然观光，参与人数逐步增加，给自然生态带来的干扰可能性逐步扩大，所需采取的游客管理措施也应逐步加强。

（一）科考探险

自然保护地的建设目标包括科研监测服务，科考是自然保护地一类基础游憩活动，我国有 45% 的自然保护地开展科考活动，但参与者仅限于科学家和相关考察人员，因此总体规模极小，相关的研究和数据也较少（Zhong et al., 2015）。探险活动则是人们出于兴奋、挑战、风险、不确定性、危险、新奇、逃避、刺激而开展的旅游活动（Page et al., 2005），在我国约 30% 的保护地中开展探险活动，尤其是在中部和西南部的风景名胜区和地质公园（Zhong et al., 2015）。

根据风险等级差异，探险旅游一般被大致分为硬探险和软探险两类，这里我们主要指硬探险，门槛更高、参与规模也更小（Page et al., 2005）。我国自然保护地中的硬探险旅游活动涵盖了漂流、洞穴、登山等诸多形式，还包括一些商业性质的蹦极、跳伞、滑翔伞等活动。从户外活动数据库来看，目前流行的极限运动类保护地户外运动主要还是登雪山和长线穿越。科考探险具有一定危险性，因此其安全规划和管理十分重要。

（二）野生动物旅游

野生动物旅游是以自然生境下野生动物观赏和体验为目的的游憩活动形式，不包括完全圈养或半圈养的野生动物旅游，如我国的三江源雪豹体验、卧龙大熊猫旅游和盐城丹顶鹤旅游，主要发生在大型哺乳动物栖息地或鸟类栖息、迁徙停留的保护地（丛丽等，2012）。这类活动一般由公园方免费、小额收费或由特许经营方收费提供服务和接待，并对到访人数、规模进行控制，对旅游者的野生动物知识水平也有要求，因此野生动物旅游对环境影响一般很小。

我国的自然保护区有专门的"野生动物"类别，根据2015年数据，我国自然保护区（含国家、省、县三级）中，有384处是为野生动物保护而设立，自然野生动物旅游资源十分丰富。就发展现状而言，我国保护地观鸟旅游规模相对较大，涉及的其他动物种类主要包括大熊猫、亚洲象和雪豹。

案例：

三江源国家公园（体制试点区）昂赛"大猫谷"野生动物旅游产品

三江源国家公园体制试点区的澜沧江园区雪豹自然观察活动于2018年开始正式提供预约，雪豹观察区域（国家公园昂赛工作站/昂赛乡辖区）被命名为"大猫谷"，国家公园管理局严格控制申请者进入、到访团队规模，到访者不乏来自世界各地包括鸟类学家、野生动物水彩画家等专业人士。自2018年5月网站预约功能上线以来，共544个可约日中，162天被订出。雪豹体验产品的利益分配以当地牧民为主要受益方（见图2-2）。

图 2-2　三江源国家公园澜沧江园区雪豹观察活动

（来源：https://valleyofthecats.org/）

（三）自然教育

自然教育旅游是以在自然中认识世界、获取知识、促进个人全方位发展为宗旨的游憩活动，能够培养到访者对自然的兴趣，使他们热爱和保护自然（吴必虎，2010）。自然教育与早期的科普旅游关系密切，且受众广泛，但从国家政策和产业发展形势来看，常常与研学旅行相关，主要面向中小学生（6~15 岁）。

从保护地发展历程来看，自然教育旅游与地质公园关系最密切。我国国家地质公园的申报和规划对科普设施建设的要求最为明确、细致和严格，开展科普和旅游被明确作为地质公园设立的三大任务中的两项。在国际研究中，也有"地学旅游（geotourism）"这一术语。中国旅游协会专门成立了地学旅游分会（首任会长由北京大学吴必虎教授担任），在推动地球科学旅游活动中发挥了专业指引作用。

总体上，我国目前 77% 的保护地均有环境解说规划，51% 有博物馆或展览馆，74% 有解说牌，80% 提供印刷材料，85% 提供向导服务，游客到访量大、建立时间早的保护地往往提供更多的解说服务，但只有很小一部分保护地（9%~18%）提供专业讲座、专业化读物和自然教育活动（Zhong et al.，2015）。近年关于推动保护地自然教育的政府文件也反映了类似问题，认为保护地与教育部门衔接有限。因此，我国的保护地自然教育旅游产品供给硬件配备相对完善，但软性服务存在很大缺口（李红等，2018）。

旅游营地和露营活动是自然保护地下最常见的自然教育产品形式。营地发展历史的研究也进入了学者的视野。对美国营地史的观察表明，人们建设营地和参与露营活动的主要目的：自然信仰（pilgrimage）、身心恢复（retreat）以及技术体验（technology）（Bowen，2011）。其中自然信仰的动机最为常见，人们通过露营能够接触更多的大自然，心灵上获得与自然对话的机会，从而能够更加清楚自己在这个世界上的身份和地位。身心恢复的目的同样普遍，通过露营活动为身陷疲倦的自己激发新的活力。技术体验除了户外活动的可移动科技装备，现代旅游者的营地体验越来越多地依赖汽车自驾行日新月异的发展（Young，2017）。

与专业性的自然教育产品供给不足相对应的是，市场需求却充满活力。据全国自然教育网（www.useit.com.cn）《2018自然教育行业调查报告》显示，2013—2016年间受政策和市场需求影响，我国自然教育机构和公司如雨后春笋般出现，它们多以"××自然营""××营地（教育）"命名，并以各类保护地为重要目的地，到2018年我国已有各类自然教育机构至少398家，超过一半机构的年服务在500个次以上。

（四）健康休养

健康休养活动以促进和恢复活动者身心健康为主要目标，包括休养、健身、自驾露营等具体活动，根据对服务设施的需求强度不同，这类活动可能发生在自然保护地外部或内部，以保护地的优良自然环境为依托。健康休养旅游产品与国外 wellness tourism（养生旅游）相对应，其中wellness=wellbeing+fitness（福祉 + 健身），包括心理和身体的疗愈和恢复两方面（Smith et al.，2006）。健康休养旅游产品的接待设施多为城镇等聚居点、酒店和度假村，优良的自然环境往往是设施选址的基本依据，19世纪建设的大量休养中心均位于今天的保护地内，许多至今仍在运营（Ferrari et al.，2016）。自然保护地成为康养旅游产品的基础吸引物，主要是因为其能够满足康养旅游的四大动机特征：令人向往、对日常生活的逃离感、将小我置于大自然中的沉浸感、对个人偏好多样化的兼容性（Ferrari et al.，2016；樊超等，2017）。

中国的户外康养活动由来已久，例如古代道家修仙、佛家禅修均以自然山水为背景，其中，洞穴、竹林等又有其独特的意境。在此传统下，我国的自然旅游一直以来就多强调养生功能，中国本土化的"生态旅游"一词所蕴含的康养内涵就说明了这一点。早期西方的康养旅游更注重身体的恢复，他们对自然资源带来的养生益处测度十分精确，且已经形成资源类型与需求人群的病症对应关系。目前，每年全球自然保护地通过改善到访者心理健康所创造的经济价值达到约 6 万亿美元（Buckley et al.，2019）。

总的来说，健康休养旅游产品对设施和服务有更高需求，价格更高，因此规模并不会太大，但由于前期的投入和设施建设，可能对自然环境带来一定影响。

（五）户外运动

户外运动同样有健康促进效用，但活动参与者更热衷于这类活动的竞技性和对体能的挑战性，如徒步、登山、定向越野等，我国很多自然保护地还会举办相应赛事。

保护地的探险、健康休养、户外运动和户外体育旅游的关系见图 2-3。也就是说，保护地的健康休养、探险和户外运动旅游的关键差异在于竞技性的强弱和体力消耗的高低：健康休养旅游竞技性最弱、体力消耗最低，运动旅游竞技性最强、（短时）体力消耗也最高，而户外运动也可视为软探险旅游（Page、Bentley、Walker，2005），户外运动和探险两类活动仅从活动内容上来看，界限并不十分明确，但区分的依据是，户外运动类旅游活动的危险性更低、对参与者的技能要求更少，因此参与者规模也比探险活动大，而运动赛事旅游的竞技性更明显、短时活动规模更大。

	被动、低体力消耗 —————————— 主动、高体力消耗		
非竞技性	健康休养旅游（如森林康养）	健康休养旅游（如城郊公园健身）	健康休养旅游（如健走、爬山）
	户外运动旅游（如无安全责任的漂流乘船者）	户外运动（软探险）旅游（如自行车、徒步穿越）	户外探险（硬探险）旅游（如高山登山、洞穴探险）
强竞技性	户外运动赛事旅游（如黄山全国山地车锦标赛的观赛旅游活动）	户外运动赛事旅游（如黄山国际登山节的一般参与者活动）	户外运动赛事旅游（如黄山全国山地车锦标赛的参赛旅游活动）

注：图中从低体力消耗到高体力消耗为每一横向活动的内部对比，如健康休养活动的高体力消耗可能较户外运动旅游的低体力消耗更低。

图 2-3　保护地探险、健康休养和户外运动旅游模型

资料来源：据 Hall，1992，有修改。

户外运动旅游的市场自主性很强，常见的户外运动项目覆盖了山野徒步、露营、骑行、户外越野跑、水上运动（泅渡、漂流、桨板、溯溪、滑水等）、潜水 / 浮潜等，类型非常多样。据两步路户外网（www.ulu.com）数据，在参与规模上，1~6 人结伴出行的活动数量最多，约占所有活动中的 50%，7~16 人占 36%，即是说，16 人以内的活动规模占数据库中所有活动的 86%。保护地离城区越近、对户外运动技能的要求越低，活动规模越大。

保护地举办运动赛事活动也非常多见。例如，黄山仅 2008 年至 2010 年三年间就举办过包括中国黄山国际山地自行车节在内的至少 9 项体育赛事和节庆活动，时间多在 11 月、3 月至 6 月和 8 月至 9 月[①]，正是黄山旅游旺季，短时冲击对自然生态系统带来较大环境影响（付蕾等，2011）。此外，我国西南地区的保护地户外运动还与民族体育活动关联密切，如四川甘孜、阿坝、凉山三州，连片的"人与生物圈"保护网络（如九寨沟、黄龙、卧龙）和风景名胜区、自然保护区（如贡嘎山、四姑娘山等）聚居着藏族、彝族、羌族等少数民族同胞，他们的民族文化中各类体育项目均具有不同程度的观赏性和参与性（聂涛，2019）。

---

① 黄山旅游官网数据

（六）风景观光

"风景"包括两类：一类是不仅有独特、壮丽的自然景观，还因中国传统文化的沉积而形成的更具历史文化意义的山水环境，如中华五岳、黄山、秦岭地区，在保护地类型中，主要以风景名胜区形式体现（吴必虎，199）；另一类是奇特、壮丽的自然美景或自然野生动植物观光，如九寨沟、张家界等地，除风景名胜区外，还可能是地质公园、森林公园、沙漠公园、自然保护区（方文辉，2011）。风景资源内涵的不同形成了观光产品在向导服务配备和环境解说内容上的差异（Zhong et al.，2015; Xu et al.，2013）。

风景观光旅游是旅游业发展的最初阶段产品，它的发展与旅游资源赋存密切相关，总体上，我国95%的自然保护地开展观光旅游活动（吴必虎等，2010; Zhong et al.，2015）。我国保护地旅游发展至今，大部分未特别指明产品类型的旅游形式仍均为风景观光旅游，基本上覆盖了除上述五类活动以外的所有保护地旅游活动类型。风景观光旅游产品一般规模很大，如四川九寨沟、黄龙寺每年旅游人数达120万人次以上（唐小平，2016）。

第四节　自然旅游发展中的问题

一、自然保护地的有效管理

自然资源保护的主要威胁来源于各种人类活动。研究表明，旅游、参观、休闲娱乐等成为自然遗产地的主要威胁，在所有威胁因素中位于第三（见图2-4）。如何让旅游对自然友好，人类对自然保护地的影响在多大范围内可以被接受，这将是未来自然遗产保护研究的重点。自然保护专业人员，对自然敏感性有比较充分的认识，在科考、研究等活动中，可以最大限度地减少人类活动对自然遗产的破坏，但对于大多数人游客来说，这方面的认识有限，甚至对自己行为影响的认知都不清楚。例如，在旅游活动中，很多游客很可能在无意识的情况下破坏了当地的自然环境或自然遗产。也正是基于这一现实情况，要求游客加强自然遗产保护也是不现实的，所以才有了自然保护地。加强保护和利用自然保护地，在人类的活动范围、深度和领域中很多公众不了解的地方，通过教育、游憩参与来加强自然保护宣传，实现可持续发展。

自然保护地有多重功能，因为它具有多重目标属性，其中游憩机会，或者说让公众参与自然游憩，是生态系统服务的一种功能体现，游憩本身是生态系统服务的一个重要功能。目前对国家公园进行研究的人员主要有三类：一是地质研究；二是植物研究；三是地理研究。其共同特点都是研究国家公园里面的物质部分，很少涉及对人的研究。基于这一现状，应当加强对人类活动的研究，研究人的特性，进而有针对性地保护自然遗产地。对人的研究包括两部分，一是长期生活在自然保护地的人，即原住民，二是偶尔到访的参观者、游客等，加强对这两部分人群的研究，尤其是原住居民，对他们的文化、生活方式、活动习惯等特性进行全面的分析，以减少人类活动对自然保护地的破坏。

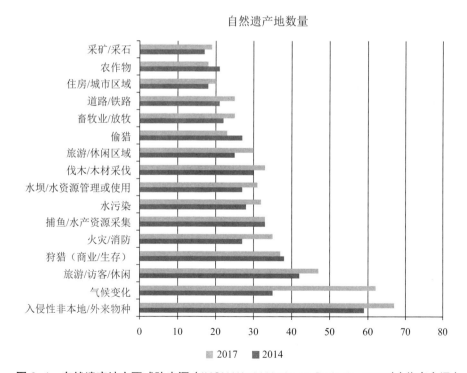

图 2-4　自然遗产地主要威胁来源（IUCN World Heritage Outlook，2017）（作者自译）

自然保护地的有效管理离不开科学研究，包括对保护对象的研究，以及对以游憩和旅游为主的人类活动的研究，二者同等重要。通过进行深入的研究，可以了解动植物的特性以实现自然平衡，并为人类活动研究提供依据，降低人对自然环境的破坏。中国的自然保护地与国外的自然保护地相比，文化被保存得更完整、更有体系。中国的国家公园建设，需要多向中国古代人请教，这才是中国自然保护研究的一个重要方向。

国内外对国家公园的研究有一定的基础，沃里克·弗罗斯特著、C.迈克尔·霍尔编、王连勇译的《旅游与国家公园》在2014年由商务印书馆出版，该书对全球的国家公园发展进行了分析。国家发改委、保尔森基金会、河仁慈善基金会支持，彭福伟主编的《中国国家公园规划编制指南研究》（2018）对中国国家公园进行了全面的系统分析，既与国际接轨，又符合中国国情，对中国国家公园建设进行了有益的探索。在这些研究中，也都提到了旅游，如生态旅游、自然旅游等，目前在国家公园里搞游憩肯定是没问题的，为了促进自然游憩的发展，在陈安泽、郭来喜等前辈的支持下，"中国旅游协会地学旅游分会"成立，专门研究地质、自然环境中的旅游发展等。

根据《生态保护红线划定指南》要求，生态保护红线原则上应当按照禁止开发区要求进行管理，严禁在被划定为生态保护红线的区域内进行不符合主体功能定位的各类开发活动（陈海标等，2013）。"禁止开发区"是指依法设立的各级各类自然文化资源保护区域，以及其他禁止进行工业化城镇化开发、需要特殊保护的重点生态功能区，主要是指"禁止进行工业化城镇化开发"的区域，而非"禁止人为活动"的区域（魏乐心，2012）。根据《自然保护地指导意见》，我国的自然保护地体系并不排斥传统的农牧业和低强度的自然教育、自然游憩、生态旅游和观光游览等低密度利用方式的存在。

二、生态保护红线如何划定

如前文所述，划定生态保护红线是一项法定要求，也是各地各行业都要遵循的可持续发展路径，这是我们讨论问题的基本立足点。《环境保护法》第二十九条规定，"国家在重点生态功能区、生态环境敏感区和脆弱区等区域划定生态保护红线，实行严格保护"。中央《生态体改方案》要求"合理界定国家公园范围"。中央《自然保护地指导意见》明确提出，"逐步形成以国家公园为主体、自然保护区为基础、各类自然公园为补充的自然保护地分类系统"。生态环境部《生态保护红线划定指南》定义，"生态保护红线是指在生态空间范围内具有特殊重要生态功能、必须强制性严格保护的区域，是保障和维护国家生态安全的底线和生命线，通常包括具有重要水源涵养、生物多样性维护、水土保持、防风固沙、海岸生态稳定等功能的生态功能重要区域，以及水土流失、土地沙化、石漠化、盐渍化等生态环境敏感脆弱区域"。这些立法和政策对哪些地方需要划定生态红线、不同保护地类型实行不同程度的保护力度，都作出了明确的规定。但是在技术层面上，依据哪些条件进行划界、以前若干年划定的界线是否全都科学可行、保护地内部又需要划分出哪几类区域，仍然存在疑虑和混乱。

较长时期以来，自然保护界流行着从西方引进来的核心区、缓冲区、试验区概念体系和规划管理模式，原环境保护部等 10 个部门联合发布的《关于进一步加强涉及自然保护区开发建设活动监督管理的通知》仍采用这一解释体系。国家标准 GB/T 20399—2006《自然保护区总体规划技术规程》也规定"自然保护区内部按照主导功能性差异分为核心区、缓冲和实验区三个功能区"。

从现状来看，上述三区模式近年来在中国生态文明建设顶层设计中已经扬弃不用，自 2019 年中央文件《关于建立以国家公园为主体的自然保护地体系的指导意见》采用核心保护区与一般控制区二分法之后，实际上已经放弃了上述三区模式。三分法被弃用之后，如何调整、管理原来的缓冲区？有些人认为，把原来的缓冲区统统划入核心保护区就可以了。这样武断的解决方案，不仅违背《生态保护红线划定指南》提出的"合理性""协调性""可行性"三大科学原则，也对缓冲区范围内当地社区的产权地位与发展利益带来不公平的限制，由此造成地方政府和涉事主体的法律冲突和利益矛盾。

即使在生态环境领域内部，对保护地生态红线的定义、划定及其管理要求也一直处于调整、变化之中。如何划定各类保护地的生态红线？《生态保护红线划定指南》要求，"自然保护区原则上全部纳入生态保护红线"。其余类型的保护地如国家公园、自然公园、风景名胜区、文物保护区等，则需要"根据生态保护重要性评估结果并结合内部管理分区，综合确定纳入生态保护红线的具体区域范围"。这就是说，除了自然保护区的生态红线如何划定比较确定外，其他类型的保护地的生态红线如何划定并未提出明确的技术要求、更未能提出解决方案。

从地理学原理出发，保护地的边界划定及其后续管理需要充分认识和深刻理解区域差异性及季节差异性。根据不同地理区域的生态稳定性（脆弱性），根据被保护对象对人为活动的不同敏感程度、敏感季节，根据人类不同接触行为在不同季节对生态系统的不同影响，识别、划定具有突出差异性和一定灵活性的生态红线，对划入生态红线内的区域实施不同的管理政策和管控措施。地理科学认为，生态系统的类型与它对人类活动的耐受度有关，不同区域存在巨大差异，这也是为什么很多国家采取一园一法（为每一个国家公园单独立法）的基本原因。对于不同自然地理条件的区域、不同生态足迹的人类行为、不同季节野生动物对人类活动的敏感性等情况，需要制定不同的生态红线划定与管理模式。

边界识别与划定不仅是单一的自然科学问题，同时也是个多目标的管理问题。如果仅仅从科学要求单一目标去理解、制定和实施生态管理，要么难以达到多利益主体的目标一致，要么制策之后难以予以实施。也就是说，制定保护边界、实施红线管理，绝不是一个简单的科学问题，更不是一个独立的政府机构就能控制的问题，是权衡多方价值观和利益链之后，基于科学原理寻求达到的一种动态平衡。针对长期形成的中国国情，绝大多数自然保护地的大量居民、自然保护行为与资源利用势将长期共存。

为了实现保护地内的生态保护目标，有些学者认为可以采取"生态移民"的办法将居民迁出，提出这种方法的人对多目标管理问题缺少深入理解。大多数情况下，保护地内生活的原住民，他们本身就是生态系统的一个组成部分，那种认为生态系统就是自然植被和野生动物的认识，不仅片面，也非科学。数千年人与自然共生的场景与生境才是其值得保护的原因。秦岭深处的国家一级保护动物朱鹮，依靠当地农民水稻耕作所形成的生态得以生存。另一方面，中国是一个"旧大陆"国家，千万年来人类已经遍布几乎所有可以居住的地域，并长期持有"天人合一"的人地关系价值体系。因此，动辄言移民的想法，不仅不生态，而且反生态。从城市化发展的规律来看，虽然可以逐步吸走保护地内的农牧区人口，但是城市居民仍然存在进入保护地进行自然游憩的需求，而且这种游憩需求会随着城市化进程和受教育水平的提高而提高。无论从哪一个角度看，把核心保护区视为不让人类进入的区域，都是不科学、没必要和不可行的政策选择。

理论上讲，利用生态红线对自然保护地进行生态系统管理是在对不同生态系统特征进行充分分析后所决定的，不应被"万园一策"的红线划定和管理模式（例如，三区或二区模式）所限定。地理学和生态学理论都说明，生态红线并不仅是一条静态物理空间划线，而且也是生态系统动态管控的基线（baseline），生态红线是指生态系统能够承受的外界干扰（包括人类活动）带来的自身系统改变的范围，或称之为生态系统可接受的改变极限（LAC，Limit of Acceptable Change，以下简称 LAC）。基于这一极限，可以通过限制自然保护地中人类活动的数量，提高人类活动的质量，以此来降低单位人类活动对生态系统的影响强度，最终将人类活动控制在生态系统稳定性可以接受的"红线"之内。

国际经验证明，LAC 是一种有效且有利于兼顾地方发展的生态系统管理哲学和工具。LAC 在系统调研和综合分析生态系统既有特征基础上，计算出生态系统能够承受的各项自身构成要素（例如鸟类数量）或能够承受的人类活动量（例如，游客到访量）的指标，然后持续监测其动态变化，并在这一过程中广泛权衡自然和社会经济等多方面指标，最后基于各项指标，确认是否需要做出响应以防止进一步的不利变化。基于 LAC 思想的自然区域管理能够有效确定保护地生态红线，有效实现生态红线范围内的资源管理，保护绿水青山，限制人类活动数量，在合理范围内提高人类活动质量，将人类对生态环境的影响最小化。

第五节 自然保护地生态旅游绿色发展实践

一、敕勒川草原：自然保护地的绿色设施营建

面对新时代，针对新情况，在执行最严格生态保护背景下，如何把握在自然保护区实验区开展旅游游憩活动的适度性，是许多自然保护区管理者的棘手问题。

内蒙古大青山自然保护实验区圣水梁科技旅居试点项目，利用科技装备突破生态保护区内项目建设的限制。作为中国首创——生态科普体验分散式移动布局，成功申报"国家文化和旅游科技创新工程七个定向推荐项目"课题，开创了自然保护地文旅产品建设可推广复制模式。

敕勒川草原地处内蒙古大青山自然保护区的南部区域，位于呼和浩特市东北部，是距离首府呼和浩特最近的万亩草场，2020年成为首批国家草原自然公园试点建设单位之一，作为国家草原自然公园试点区，肩负生态保护发展重任。国家草原自然公园是以国家公园为主体的自然保护地体系重要组成部分，按照国家林业和草原局的定义是指具有较为典型的草原生态系统特征、有较高的生态保护和合理利用示范价值，以生态保护和草原科学利用示范为主要目的，兼具生态旅游、科研监测、宣教展示功能的特定区域。同时根据国家林业和草原局起草的《国家级自然公园管理办法》（征求意见稿），国家级自然公园建设根据资源禀赋、功能定位和利用强度，可以规划生态保育区和合理利用区，统筹生态保护修复、旅游服务和资源利用，合理布局相关基础设施、服务设施及配套设施建设，达到生态保护、绿色发展、民生改善的相统一。

2012年之前，敕勒川草原受多年干旱少雨、开垦采石等因素影响，近3万亩的草场生态环境不断恶化，连年的风沙对居民生活健康、农业生产等造成了严重影响。为了推动生态文明建设，2012年起，呼和浩特市实施阴山山脉大青山南坡综合治理工程，其中敕勒川草原修复是重要内容。负责修复工程的团队

制定出了"人工干预下模拟天然草原"的综合治理方案,同时在统筹山水林田湖草沙系统治理理念指导下,科学恢复了敕勒川草原的草场、湖泊与湿地。经过生态修复治理,敕勒川草原每年每公顷草地固碳 1.5 吨左右,释放氧气量 2.8 吨左右,在整个植物生长季,负氧离子浓度平均每立方厘米超过 1200 个。在增强生态系统碳储量、促进全球碳循环及减缓气候变化方面发挥重要作用。

除了突出的生态价值,敕勒川草原蕴藏深厚历史文化底蕴,是地域文化的重要承载区。"敕勒川"的名称来源于北魏民歌《敕勒歌》,同时歌词"敕勒川,阴山下……"将敕勒川定位于阴山脚下的平原地带,即敕勒川草原。自古以来敕勒川地区繁衍生息过众多的民族,另外"走西口"运动使得汉族移民来到敕勒川地区,与该地区的游牧民族不断交往,在文化上相互影响,相互渗透,形成了多元统一的敕勒川文化,同时存在蒙元文化、西口文化、和亲文化、草原文化等诸多文化,涵盖游牧、农耕及半农半牧文化。

2021 年呼和浩特新城区围绕打造"国家级旅游休闲城市"核心区的战略目标,提出以"敕勒川草原"国家级草原乡村旅游度假区、文旅科技融合创新生态旅游创新区、文化遗产活化与美好生活的融合示范工程、敕勒川草原文化与艺术产业融合示范区、"敕勒川草原"品牌构建及文创服务五个方面为抓手,培育"敕勒川草原"国际旅游品牌,在"十四五"期间建设一批高水准的战略性文旅项目。在积极的政策背景下,敕勒川草原特色文旅项目建设逐渐提上日程。

(1)"移动式"绿色装备配置,最大限度减少生态影响

考虑到景区生态环境的脆弱性,以"移动式,轻资产"的基本规划思路,打造敕勒川草原移动旅居装备营地。该营地设计率先搭载了国家文化和旅游科技创新工程项目——自然保护地可移动旅居空间装备,为 2021 年度国家文化和旅游科技创新工程试点项目之一(见图 2-5)。该项目还是文化和旅游部七大定向研发方向之一,可移动旅居装备也是十四五期间国家首次提出的重点建设内容。自然保护地可移动旅居空间装备项目秉承轻建设、重内容的低碳建造方式,专门针对极致生态空间的基础配套生态化、内容价值高品化和运营组织高效化进行研发,尤其是草原等基础配套弱、生态脆弱敏感的空间,与敕勒川国家草原自然公园生态保护、绿色发展的目标高度契合。

图 2-5　游牧营地效果

（图源：北京大地溪客露营建筑科技有限公司）

以自然保护地可移动旅居空间装备为载体的"三轻"投建方式。营地以"轻资产投入，轻建设动作，轻环境干扰"为建设原则，追求只享风景不兴土木。一方面项目装备均为移动科技旅居装备，与工程建筑类设施相比成本较低；另一方面项目采用季节周期性运营方式，年均运营天数在 120 天以内，低成本硬件加上运营时间短，共同实现了项目的轻资产投入，并且周期性运营给草原生态系统的自我修复创造了条件。此外，项目采用场外定制生产、场内安装调试的方式，场地不做工程建设和硬化，极大地减少了在保护区内的建设活动，以最少的人流、物流完成项目投入运营，有效减轻了对保护区生态环境的影响；同时项目在功能配套设计上坚持低碳生态理念，项目自带污水污物生态化处理设备。从前期的装备功能配套设计、装备投建方式到后期的运营，敕勒川草原移动旅居装备营地项目都秉承生态化发展理念，最大限度减少了对环境的影响。

（2）"保障、服务、体验"三位一体，提供高质量绿色文旅计划

具体来看，敕勒川草原移动旅居装备营地项目占地面积约 7800 平方米，其中科技旅居设备面积约 1000 平方米。针对人们对美好生活需求强烈的新时代消费特征，顺应度假大众化的旅游市场趋势，充分利用现代文旅科技、生态科技手段，成功构建形成以草原生态文化为主题的、科普功能为主导的低碳生态型旅游目的地。基础保障、休闲服务和文化体验三大模块，共投入 13

类 25 套旅居装备，主要功能如下：

■ 基础保障方舱：提供旅居安全空间

净水方舱 1 套，内置净水储存和污水处理两大系统，包括净水箱、中水箱、控制系统、水路系统，污水处理后形成的中水可达国家二级直排标准，用于浇灌草场。净水箱和中水箱共储存 10 吨水，能够为营地用水提供一定保障（见图 2-6）。

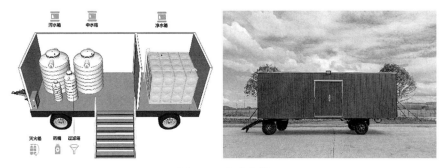

图 2-6 净水方舱

（图源：北京大地溪客露营建筑科技有限公司）

多模块储存方舱，包含固废垃圾收集与处理配套设备、储物收集功能箱组，为营地污水以及固体废弃物的处理中心，对景区产生的一切垃圾排放按照场地的环境保护标准要求进行分类处理，如厨余废水、厨余垃圾、粪便、固体垃圾等（见图 2-7）。处理后达标的可经方舱处理设备就地处理排放，不达标的则由方舱集中收集后定期打包运输到外部处理排放。

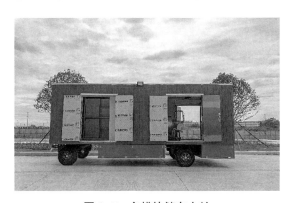

图 2-7 多模块储存方舱

（图源：北京大地溪客露营建筑科技有限公司）

卫浴方舱 1 套，内置洗浴、卫厕两大功能空间，配置净水供应、污水污物收集、热水供应等设备（见图 2-8）。其中供热系统采用高效节能的空气能供热系统，与太阳能相比，不受夜晚、阴天、雨雪等的影响，能够实现全时全季节供热，满足游客日常卫浴需求。

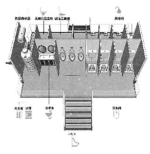

图 2-8　卫浴方舱

（图源：北京大地溪客露营建筑科技有限公司）

冷冻冷藏方舱 1 套，内部分冷藏冷冻两种空间，采用了绿色低碳的无源冷链技术，可实现 36~120 小时保温。主要用于食物的冷冻冷藏储存，为营地餐饮行业提供食材储存服务，能够保证运营期间营地食品饮品的正常供应（见图 2-9）。

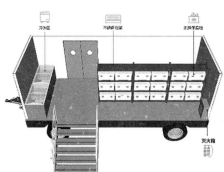

图 2-9　冷冻冷藏方舱

（图源：北京大地溪客露营建筑科技有限公司）

综合保障方舱 1 套，舱内设置监控系统和消防系统两大安全系统及办公区，提供现代化的安全保障体系，在一定程度上可以降低营地的管理难度、高度保障景区的安全，在提升景区管运人员工作效率的同时为他们提供舒适的工作环境（见图2-10）。

图 2-10 综合保障方舱

（图源：北京大地溪客露营建筑科技有限公司）

■ 休闲服务方舱：提升旅居品质空间

草原宿营篷车2类8套，以草原上独有的交通工具勒勒车为设计原型的特色创意住宿设施，饱含草原风情，与草原环境高度融合，营造出浓郁的草原游牧民族生活情景。有四人间舱和VIP舱两种配置，车内功能齐全，设有卫生间、行李架和床，VIP舱则在后部加设了休闲空间，可以为游客提供多种草原特色住宿选择（见图2-11）。

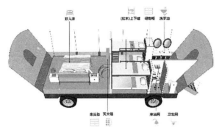

图 2-11 宿营篷车

（图源：北京大地溪客露营建筑科技有限公司）

全景餐饮方舱2类8套，有VIP餐饮方舱和普通餐饮方舱两种，采用全透明设计，能够为游客提供全景式草原观景就餐服务。普通方舱配备基本就餐设施，VIP方舱则采用主题内饰风格，设施齐全，极具草原特色，可以满足游客不同的就餐需求（见图2-12）。

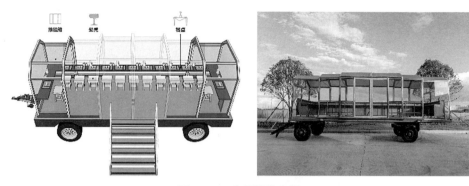

图 2-12　全景餐饮方舱

（图源：北京大地溪客露营建筑科技有限公司）

中央厨房方舱 1 套，内置主食加工设备、副食加工设备、西餐加工设备、无烟烧烤设备、洗物池等，可以提供西餐、烧烤等多种食品（见图 2-13）。

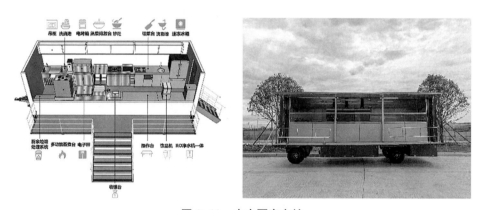

图 2-13　中央厨房方舱

（图源：北京大地溪客露营建筑科技有限公司）

■ 文化体验方舱：丰富旅居内容空间

草原科普中心方舱 1 套，具备住宿接待、综合结算、科普宣传等多种功能，内置丰富多样的科普宣传形式，如实物展示、视频展示、投影展示，成为敕勒川草原生态文化的创意展现中心。

文创咖啡屋 1 套，配套餐饮区、观景区、休闲区及文创产品展售区多个功能区，融合了绿植、原木及光影元素，是与草原环境实现高度融合的现代化自然风情休闲设施。咖啡屋具备观光、休闲、购物、茶饮等多种功能，能够满足游客多种休闲需求，为营地的重要功能性设施、休闲文化娱乐活动中心（图2-14）。

图 2-14 文创咖啡屋
（图源：北京大地溪客露营建筑科技有限公司）

游历书屋1套，充分结合场地山体景观特征，利用可循环利用资源构建的透明式书屋，书屋镶嵌于山体凹陷处，宛如镶嵌在山体中的玉柱，景观效果极佳，具有强烈的景观标示性特征，在景区形象塑造、对外宣传、打造影响力等方面发挥重要作用。书屋集阅读、休憩、观景、摄影、文化传播等功能于一体，书屋亮丽的景观加上多样化的功能，将成为吸引游客前来休闲娱乐的打卡地。

本项目的综合效益整体体现在四个方面：第一，为自然保护地的高效发展提供范式。营地整体以可移动旅居装备为载体，在充分融合现代文旅装备科技以及生态科技的基础上，率先探索出一套绿色低碳的文旅目的地新型投建开发模式。实现了在生态环境轻干扰、近乎零污染的前提下提供多元高品质休闲体验服务，成为国家公园主导的自然保护地体系生态高效可持续发展的典范，为自然保护地尤其是草原型自然保护地的休闲功能开发提供样板示范，同时有效助力敕勒川国家草原自然公园绿色发展。第二，充分实现敕勒川生态文化资源价值的有效延伸。搭建由草原生态文化为主题引领的全过程深度体验服务产品体系，融合地方文化元素的特色风景住宿服务和特色餐饮休闲服务、深挖草原生态文化价值衍生的文化传承科普类服务产品、顺应新生代消费潮流的 SEEK 咖啡屋以及创新创意发展理念引领草原生态文化资源创意化呈现的游历书屋、文创商品，具体包括移动旅居装备衍生系列、草原文化主题创意系列、生态循环创意再造系列三大文创产品体系。创意引领草原生态文化向多元休闲业态延伸发展，以多元化的呈现方式生动地展现了草原特色，也为社会大众进一步了解草原生态文化提供了可能性。第三，有效实现敕勒川草原生态文化资源价值转化，提升旅游经济收入。营地的构建为敕勒川草原导入住宿、餐饮、休闲体验等多种休闲业态，其中草原宿营篷车单日可接待 24 人住宿，单个草原就餐车可同时满足 128 人的室内就餐需求。此外中央厨岛依托高原环境适用级别的移动灶具技术，瞬时能够满足 150 人的就餐需求，有效提升了敕勒川草原的游客接待能力和留客能力，成为助力草原绿色发展、推动草原旅游经济增收的重要项目。第四，顺应新时代旅游市场消费升级趋势，引领区域文旅新方向。随着人们生活水平的不断提升，文旅消费市场逐步升级，多元化、品质化、个性化的消费趋势明显。营地从旅游市场的消费特征出发，搭建起包含餐饮、住宿、卫浴、休闲以及文化体验在内，功能完善的旅游服务产品体系。同时以草原文化与潮流消费趋势为引领，成功打造极具地域特色的创意化草原休闲产品体系，满足了新时代旅游市场的新消费需求。此外营地还配备有智能安保及消防等先进的管理运营系统，能够为营地的安全品质化运营提供强有力保障。

二、东台条子泥：自然教育让世界遗产更精彩

条子泥位于江苏东台沿海，地处黄海辐射沙脊群的顶点，区域总面积约 129 万亩，拥有世界上面积最大的泥质潮间带湿地，是世界九大候鸟迁飞区之一，东亚—澳大利西亚候鸟迁飞区的中心节点区域（见图 2-15）。2019 年 7 月 5 日，条子泥湿地作为中国黄（渤）海候鸟栖息地（第一期）核心区，顺利成为我国第 14 处世界自然遗产，填补了全国滨海湿地类世界自然遗产空白和江苏省世界自然遗产空白，条子泥湿地享誉世界从此刻开始。

图 2-15　条子泥候鸟迁徙季（孙家录　摄）

但申遗成功给条子泥湿地带来了巨大的荣耀的同时，"要鸟进人退吗？""人与自然的关系如何平衡？""下滩赶海体验还要不要继续？""游客行为如何管理？"等问题随之而来。在遗产保护和发展面前如何抉择，成为摆在条子泥管理机构面前的难题。经过多年的思考和实践，在基于自然的解决方案（NbS）理念指引下，条子泥管理机构打破了传统的"堡垒式保护"，形成了"政府＋企业＋组织＋公众"多方合作的模式，并就未来发展达成共识，即湿地保护不能在小圈子打转，要增加公众参与性。自然教育即成为践行这一发展共识的重要途径。

自然教育是以自然环境为基础，以推动人与自然和谐为核心，以参与体验为主要方式，引导人们认识和欣赏自然、理解和认同自然、尊重并保护自然，最终达到实现人的自我发展以及人与自然和谐共生目的的教育。2019 年，国家林业和草原局发布了《关于充分发挥各类自然保护地社会功能大力开展自然教育工作的通知》，强调自然教育在保护地承担和提供社会服务功能方面所发挥的重要作用。条子泥积极落实国家生态文明建设的精神，大胆探索湿地自然教育的模式、路径和方向，让公众认识世界自然遗产，并参与到湿地保护过程中，更好地发挥世界遗产的生态价值。

（一）合理规划，构建共赢格局

2019 年 9 月开始，条子泥管理机构秉持大保护与微体验的理念，开始对湿地进行封闭式管理，并聘请国内优秀的文旅咨询单位编制《条子泥景区旅游总体规划》，明确条子泥发展方向，科学处理了景区发展边界与世界遗产核心区和缓冲区的关系，合理划定发展空间，以世界级生态旅游目的地和世界遗产自然教育体验地等为总体定位，对景区日容量、瞬时容量进行测算，有序布局文旅产品，以及旅游行为、环境保护、游览线路、公服设施等内容。2021 年 12 月，条子泥成功获批国家 4A 级旅游景区。

基于规划，条子泥允许游客进入并体验的范围控制在约 5 平方千米，所占比例不足总面积的 1%；供游客体验的滩涂无建筑物，游客下滩的时间控制在鸟类觅食之后；在国道 228 西侧景区入口处设置集散中心和停车场，游客统一乘坐接驳车进入 2 号停车场，然后步行或乘坐电瓶车游览湿地等；在 2 号停车场布局餐饮、文创等消费业态，满足游客需求；在观潮区布局多功能会议室、观鸟驿站、观鸟屋等，为大众提供自然教育与科普研学场所；规划多条自然教育与科普游线等。一系列创新科学的举措，有效地平衡了游客和鸟类的关系，既让游客感受到世界遗产生物多样性的美好，也为鸟类觅食提供了优质的环境（见图 2-16）。

图 2-16　720 高潮位栖息地鸟瞰图（李东明　摄）

在《条子泥景区旅游总体规划》的基础上，2023 年编制《条子泥国家青少年自然教育绿色营地三年运营发展规划》，明确绿色营地的范围，教学区、体验区、服务区等功能，优化科普服务设施，制订自然教育导师培训计划以及志愿者培养计划等，以及信息化、安全化管理措施等，有效指导下一步自然教育的发展。

（二）夯实基础，优化服务功能

积极探索公路服务区和博物馆融合的新模式。条子泥紧邻国道 228，在国道 229 服务区建设的同时，创新引入鸟类博物馆功能，打造科技感和互动性极强的新空间。项目总占地面积 10.57 万平方米，总建筑面积 2.28 万平方米。采用动、静相结合的方式，通过图片、标本、视频、VR 等多种方式呈现 410 多种鸟类。

图 2-17 科普驿站（孙家录 摄）

在探索服务区新模式的同时，对闲置空间进行再利用，将原办公设施改科普研学基地，为自然教育的开展提供了更多样的室内外空间（见图 2-17，图 2-18）。科普研学基地以"尊重自然、顺应自然、保护自然"为设计理念，以青少年为主要对象，依托条子泥景区丰富的科普资源，有针对性地开展特色研学活动的场地。总建筑面积约 6000 平方米，其中主楼建筑面积约 5700 平方米，辅楼建筑面积约 300 平方米。共分为 5 大片区，分别为公共接待区、研学科普区、住宿休息区、食堂餐饮区和研学办公区。

图 2-18　航拍国道 228 服务区（李东明　摄）

（三）开放包容，鼓励多方合作

近年来条子泥管理机构成立专门的自然教育和科普研学工作小组，积极参加自然教育导师培训，以及全国自然教育论坛、中国自然教育大会等，充实提升自身自然教育的服务能力。成立条子泥爱鸟协会，引进生态保护专业人士、爱鸟人士，同时加入由红树林基金会牵头成立的"勺嘴鹬保护联盟"。编制《条子泥湿地知多少》《勺嘴鹬手册》等研学手册和《条子泥湿地重点鸟类图鉴》书籍，拍摄《遇见条子泥》《世界遗产地 盐城条子泥》《湿地息壤 飞鸟天堂》3 个宣传片。制作《爱在条子泥》动画，生动有趣，循序推进，趣味与科普并存。举办观鸟节、湿地马拉松、湿地生活节等活动，让湿地保护走进广大公众。联合教育局，积极开展科普进校园工作，打造鸟类主题教室，开展观鸟科普英语研学进校园，学唱《遇见条子泥》歌曲等。

联动条子泥湿地研究院、东台复旦湿地保护联合创新中心、北林东亚 - 澳大利西亚候鸟迁徙研究中心东台基地等科研平台，依托观鸟科普驿站、多功能会议厅等研学空间以及广阔的滨海湿地生境，围绕生态系统、动植物资源及保护、保护地保护等，以探究式学习为核心，创新研发了"认识条子泥湿地，寻找生长的密码""走进条子泥滩涂，探究生物生存法则""潮汐树背后的地理课""守护迁飞候鸟的生命线""破解湿地植物密码，探究湿地中国红"等彰显区域特征、覆盖不同年龄段青少年需求的主题课程，并同步编制贯穿在地教材的教师手册、学生手册，有效开展自然教育的相关工作（见图 2-19）。

图 2-19　条子泥清晨（李东明　摄）

自然教育的开展离不开多方合作。条子泥始终以开放包容的理念，欢迎有志于推广湿地自然教育的优质机构。先后吸引风景少年、麦田计划等专业机构开展相关自然教育与科普研学活动。举办元旦观鸟科普研学活动、生物多样性日观鸟活动、麦田计划盐城助学夏令营、三仓假日少年驿站走进条子泥、世遗湿地鹬见阅读主题活动、东台中学红色研学活动等。2023 年春节，风景少年携手条子泥推出"风景少年成长计划"，成功举办"条子泥守护大使科普研学亲子营"第一期活动，助力条子泥景区的科普研学游市场复苏（见图 2-20）。

图 2-20　条子泥守护大使科普研学亲子营开营仪式（风景少年　提供）

（四）创新创意，扩大"朋友圈"

为了让更多的人感受到条子泥良好的生态环境，特别是候鸟迁徙季的震撼，条子泥充分利用新媒体创新举办慢直播活动，让广大网友从快节奏的生活中平息下来，静静地在屏幕前在线云观鸟。2021年年底联动央视新闻频道、央视频举办寻找勺嘴鹬慢直播活动。2022年世界地球日期间《黑嘴鸥的迁徙》慢直播。2022年4月，爱鸟周期间举办《勺嘴鹬的迁徙之路》《飞越条子泥红蒿地》2场慢直播活动。2022年10月联动新华社举办《生态中国——跟随候鸟共赏秋日美景》，累计慢直播受众达数百万人次。观众借助慢直播的镜头一起寻找鸟中大熊猫勺嘴鹬，一起静静等待候鸟不远万里迁徙至中国黄海湿地，感受生物多样性以及近年来中国生态文明建设所取得的巨大成果。当地学校鼓励同学们在线收看，既提高了大家生物多样性的相关知识，也极大地增强了地方自豪感。

在借助新媒体传递新声音的同时，条子泥创新研发自然教育的相关文创产品。创意打造了小勺子IP形象，并基于此形成学习办公类、生活潮品类、电子产品类、运动生活类等多个品类，便签纸、线装本、金属书签、木质及手绘明信片等多个产品。在游客中心设置无人智慧商店，展示和销售精美多样的文创产品（见图2-21）。

图2-21　条子泥景区文创产品（条子泥景区　提供）

　　在这个共建"地球生命共同体"的新时代，大自然不该只存在于自然保护区里，人类也不该只在自然保护区外远观。我们更应该主动地适应自然，释放人类亲生物性的本性，积极地参与到保护行动中。条子泥用自己的实践展现了世界自然遗产与人类和谐共处的新方式，不仅吸引了越来越多的候鸟来此迁徙，也收到了大众的认可。截至目前，已荣获中国美丽海湾、国家级景区、江苏省生态旅游示范区、江苏省科普教育基地、国家青少年自然教育绿色营地等荣誉。坚持人地和谐理论，在持续推进生态修复和保护工作的同时，统筹谋划区域发展方向，从条子泥景区扩大到条子泥生态旅游区，探索更大尺度上生态保护和旅游发展的模式，让更多的人走进湿地、热爱湿地，为"地球生命共同体"贡献力量，兼顾人与自然发展需求，在自然保护地中发展可持续的自然旅游（见图 2-22）。

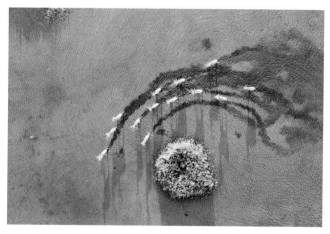

图 2-22　麋鹿奔跑在条子泥湿地上（孙家录　摄）

第三章

国家公园旅游：中国范式

国家公园作为我国自然保护地体系建立的"主体"，是《国家公园总体方案》明确需要提供国民游憩机会、开展旅游建设的保护地类型，也是《自然保护地指导意见》定位的具有"国家代表性""全球价值""国家象征""国民认同度高"的特殊保护地类型。

要确保游憩机会供给、旅游建设，并实现国家公园在人民心目中的"代表性""价值""国家象征"及人们对国家公园的"认同"，离不开对中国国家公园的固有特色、文化内涵的挖掘，离不开通过游憩和旅游供给将这些特色和内涵向国民传达和教育的实际过程。

因此，本章以与游憩和旅游关联最为密切的自然保护地类型——国家公园为重点对象，以归纳国家公园旅游的中国范式为目标，对国家公园在世界及中国的产生与发展、中国国家公园文化内涵和旅游发展条件以及旅游制度创新与内容供给进行阐释，并以武夷山国家公园为例分析作为中国范式的环国家公园区域绿色产业发展转型。

第一节　国家公园在世界及中国的产生与发展

一、世界范围内国家公园制度沿革简述

1869 年，三位来自蒙大拿州的探险家组成了一只探险队，前往流经蒙大拿州的黄石河的源头进行考察。在此，他们看到了许多令人惊叹的景色。考察完毕后，他们在考察报告中写道：黄石湖拥有各种各样的水湾和完美的山地景色，无疑将会成为受欢迎的度假胜地。1872 年 3 月 1 日，美国总统尤利西斯·格兰特签署了《黄石公园法》，建立了世界上第一个国家公园——黄石公园。

由于黄石公园建立后，较好地处理了资源保护和开发利用之间的平衡，许多国家都纷纷效仿它的模式，建立起自己的国家公园。

目前，世界上已有超过一百个国家实行国家公园制度。

二、中国国家公园体制建设背景与历程

在世界范围内国家公园建立和现代自然保护运动的影响下，我国于 1956
年建立了第一个自然保护地——广东鼎湖山国家级自然保护区。这是我国国
家公园（自然保护地）体制[①]建设的开端。中国走上了与大多数国家不同的自
然保护道路——以自然保护区为主体的保护体系，而非国家公园。自然保护
区建立时期，我国现代自然保护工作取得了一定成效。到 2020 年，34 处国家
级自然保护区已被联合国教科文组织的"人与生物圈计划"列为国际生物圈
保护区，还有 64 处湿地被列入《国际重要湿地名录》。

如前文所述，2013 年我国首次提出"建立国家公园体制"，并于 2015 年、
2017 年、2019 年均发布了重要文件（详见第一章第一节"二、生态文明建设
新途径的探索"）。其中，2017 年东北虎国家公园管理局挂牌成立，成为我国
第一个中央直管的国家公园；2020 年，中国正式设立三江源、大熊猫、东北
虎豹、海南热带雨林、武夷山等第一批国家公园，保护面积达 23 万平方公里，
涵盖近 30% 的陆域国家重点保护野生动植物种类；2022 年，国家林业和草原
局公布的《国家公园管理暂行办法》中，摒弃了以往对保护地管理避谈"旅
游"的态度，承认了"生态旅游"是国家公园重要的人类活动，这是国家林
业与草原局在践行"两山"理论的重要体现，也是自然保护地体系建设在学
理和法理上的重大进步。目前，我国已遴选出 49 个国家公园候选区，分布于
青藏高原、黄河流域、长江流域等生态功能良好的区域，随着以国家公园为
主体的自然保护地的建设逐步完善，人们对国家公园的游憩需求会越来越大。

为阐明新旧体制的更替背景和建设历程，本文将 2013 年开始国家着力建

---

① 由于我国当前有关国家公园和自然保护地的政策文件中习惯将与体制建立有关的内容称为"国家
公园体制"，将与体系建设有关的内容称为"自然保护地体系"，而本质上仍是自然保护地体制和自
然保护地体系：国家公园只是所有自然保护地类型当中的一种。但是，为延续中文政策习惯，下文将
同样以"国家公园体制"代称"自然保护地体制"。关于体制与体系的区别，如前章所述（第二章第
一节"二、中国自然保护地体系"）：体制是从国家机关、地方政府到企事业单位的机构设置、管理权
限、工作部署的制度，体制的设立需要开展体制研究；体系（system）则包括国家公园、自然保护区、
风景名胜区、国家地质公园等一套体系，相当于自然保护地（国家公园）由多种类型共同构成一个相
互关联的保护地整体。

立的自然保护地体制 / 体系称为"新体制 / 体系"，将 1956 年起至 2013 年形成的自然保护地体制 / 体系称为"旧体制 / 体系"。

我国旧有的自然保护地体系从 1956 年开始建设。至 2013 年前后经历了单一自然保护（1956—1981 年）、游憩功能兴起（1982—1999 年）、功能多样化（2000—2013 年）这三个阶段。其中，在游憩功能兴起阶段出现了风景名胜区和森林公园两种新的保护地类型，功能多样化阶段则相继出现了七种类型的自然保护地。在第三阶段，无论是保护地类型还是保护地总数量都呈井喷式增长，尽管在这期间我国自然保护地建设取得了非凡的成就，面积和数量都超过了全球平均水平，但也出现一些问题。

一方面，由于保护地管理部门的权力地位较低，有时为地方或者国家经济发展的需求作出让步，在一定程度上进一步削弱了保护地的作用和地位。许多保护地面积太小，相互隔离，孤岛状态严重，进而降低了保护效果。另一方面，许多保护地管理工作权责不够明晰。自然保护地不仅被不同的部门管理，而且存在一个地方既是自然保护区，又是森林公园、风景名胜区等保护地类型的情况，而不同的保护地类型又分属不同的管理部门，保护区的管理工作处在"九龙治水"的状态，由此带来管理重叠交叉、机构设置重复、责任不清、管理效率不高等问题。国家级自然保护区、国家级风景名胜区、国家地质公园、国家森林公园、国家景区等种种名号都被加诸这片世外桃源身上，保护和旅游开发的平衡就变成了一个棘手的问题。

为了解决这些问题，必须跳出现有体制框架，从全局角度重新思考人地关系和保护工作的权责安排。旧的管理体制已经难以适应新形势下生态文明建设的新要求，因此必须进行改革和突破。

新体制的提出以解决旧体制上述问题为目标，《建立国家公园体制总体方案》明确了建立国家公园体制的主要目标是"建成统一规范高效的中国特色国家公园体制，交叉重叠、多头管理的碎片化问题得到有效解决，国家重要自然生态系统原真性、完整性得到有效保护，形成自然生态系统保护的新体制、新模式，促进生态环境治理体系和治理能力现代化，保障国家生态安全，实现人与自然和谐共生"。

但是，就目前新体制的建设过程来看，许多实际工作仍以旧体制的工作成果为基础。具体来说，《生态保护红线划定指南》规定"自然保护区原则上全部划入生态保护红线，对面积较大的自然保护区，其实验区根据生态保护重要性评估结果确定纳入生态保护红线的具体区域范围"，"生态保护红线空间范围应涵盖国家级和省级禁止开发区域。国家级和省级禁止开发区域包括：国家公园；自然保护区；森林公园的生态保育区和核心景观区；风景名胜区的核心景区；地质公园的地质遗迹保护区；世界自然遗产的核心区和缓冲区；湿地公园的湿地保育区和恢复重建区；饮用水水源地的一级保护区；水产种质资源保护区的核心区；其他类型禁止开发区的核心保护区域"。然而，《生态文明体制改革总体方案》改革前，自然保护地的管理不够完善。由于缺乏自然本底调查资料和统一的划定方法，一些保护地的划定和功能区的确定存在一定的盲目性和主观性，缺乏科学性。有些地区甚至出现了核心区内分布有农耕区和居民点，而主要保护对象的重点分布区却被划定在核心区之外的情况。

因此，要解决旧体制存在的问题，一方面要继承旧体制的优秀工作成果，另一方面更需要摈弃旧体制曾经不合理、不科学的保护行为及其结果，以新的工作方法来塑造和迎接一个高效保护、高效管理的全新体制。

三、中国国家公园概念、体系及文化基因

国家公园建设是一个复杂而不断变化的系统工程。不同国家的国家公园体系有所不同，即使在同一国家，随着社会的发展，国家公园也会有所调整。国家公园是一种具有国家精神代表性的价值载体，包括生物多样性、景观多样性、文化多样性及其独特性。

从国家公园建设的角度出发，世界各国均存在"国家公园体系"。在我国，"国家公园体系"尚未被官方完整提及（当前出现的"国家公园体系"均仅含"国家（自然）公园"），但如前章所述（第二章第一节"二、中国自然保护地体系"），"中国实际上出现了两种国家公园，一类是国家（自然）公园，另一类是国家文化公园"，这两种国家公园共同构成我国目前现实存在的"国家公园体系"。但从理论上来说，我国还存在具有独特性的第三类国家公

园，即"自然文化融合型国家公园"。

与国外许多国家公园多为无人居住的荒野区不同，我国的国家公园有着独特的文化基因，比如武夷山的历史可以追溯至新石器时期，当时是古越人繁衍生息的地方，拥有许多寺庙宫观（遗址）或其他历史遗址，仅寺庙宫观（遗址）就达 100 多处。在民族文化方面，三江源地区世代生活着藏族游牧民族；而大熊猫国家公园涉及四川、甘肃、陕西三个省，除汉族外，还包括藏族、羌族、彝族等民族。因此，可以称这种在中国分布更为广泛、更具中国特色、与人们关系更为密切的国家公园类型为"自然文化融合型国家公园"（王雷亭等，2020）。

创建自然文化融合型国家公园，开辟中国特色国家公园道路，体现了中国传统哲学和文化的价值。从要素禀赋来看，中国有许多的自然遗产和文化遗产，珠联璧合、水乳交融，形成了一种独特的混合遗产或者文化景观。因此，由此形成的自然文化融合型国家公园将是中国独特的新型国家公园，不是单纯的"自然＋文化"叠加复合，而是将"天人合一"思想融入山水之间、以"道法自然"为宗旨。由于其分布广泛、数量众多、价值巨大、充分彰显出中国特色，故有必要明确这类中国国家公园的含义及范畴，使之成为我国国家公园建设的重点类型。

国情决定了我国的国家公园体系不仅包括自然遗产型、文化遗产型这两种基本类型，而且包括了体现中国特色"天人合一"思想和"自然文化融合"特质的自然文化融合型国家公园：自然遗产型国家公园以生态保护为重点，文化遗产型国家公园则着重文化遗产的传承和保护，这两种以国家冠名的公园已经开始分别由国家林草局和文化和旅游部牵头建设，而自然文化融合型国家公园却尚未得到足够重视。加强对不同国家公园类型的统一重视，实现自然与文化在公园区域的融合保护，并形成自然与文化和谐共存、区域协调一体、保护与开发并重的中国特色国家公园模式，促进自然与文化融合型国家公园的建设，是推进国家公园体系在中国本土化建设及其健康可持续发展的必由之路。

第二节　中国国家公园游憩体系与文化沉积

一、国家公园游憩功能定位及其研究必要性

（一）游憩是国家公园的重要职能之一

游憩是人们在休闲时开展的活动及其内在有益体验，户外游憩是在自然环境中发生、依赖自然环境的游憩，生态旅游就属于户外游憩。户外游憩往往存在人与自然环境间的互动，这就使户外游憩的开展对良好的自然环境和完整的生态系统提出了要求，因此很多户外游憩都发生在资源禀赋良好的自然保护地中。从访客在保护地内开展的活动本身来看，保护地游憩和旅游几乎没有严格区分。即使人们之前普遍认同旅游更加具有产业部门特征，近年来户外游憩的商业化趋势也使二者的边界越来越模糊。因此，自然保护地游憩实际上也就是自然保护地（生态）旅游。但是，不可否认，在自然保护地研究或政府文件语境下，"旅游"一词具有明显的促进地方发展的内涵，而游憩一词则具有更强的公共服务意义，因此本书除在这两个表达场景下对二者做出区分外，在其他表达场景下不对二者做区别使用。

中国拥有广袤的疆土、明显的生态环境差异、悠久的历史和深厚的文化底蕴，随着社会经济发展和对生态环境质量的进一步提高，中国国家公园的数量也必将大幅增加。为满足游客在国家公园内的独特体验，增强自然类旅游产品的参与性和体验性，已经成为摆在当前中国国家公园生态旅游供给者面前亟待解决的重大课题（王立龙，2022）。

在全球范围内，被世界自然保护联盟（IUCN）认可的国家公园超过6500个，仅在国家公园历史最为悠久的美国和加拿大就有超过100个。从1872年美国黄石公园建立以来，不同地域的国家公园承载起生态可持续发展、巩固生物多样性的使命。在《旅游与国家公园》（王连勇 译，2014）中，以旅游与国

家公园的关系为主线，考察了全球国家公园运动发展的历史轨迹，介绍了旅游业与加拿大国家公园体系、西班牙国家公园、瑞典旅游业、铁路与国家公园设立、南非国家公园与保护区的旅游开发、原住民、自然保育与旅游业等。

如前文所述，自然保护地游憩和旅游是一类准公共产品，而对更加强调"全民共享""国民认同"的国家公园而言，游憩功能就更加重要了。

以美国为例，其国家公园肩负双重管理目标：一方面是对自然资源的保护，在合理的范围内尽可能杜绝所有开发行为；另一方面则是提供游憩，在限定条件下，接待以教育、文化、游憩为目的的旅游者。从资源利用效率来看，游憩和旅游有助于自然环境教育、促进就业和改善民生、提高国有资产配置效率，是对自然资源最高效的利用方式。

（二）中国特色国家公园体系建设离不开游憩研究

从科学研究及学科归属上来看，游憩和旅游概念仍是相关但不同的。二者同时存在于以国家公园为代表的自然保护地空间，当谈到公益性、自主性、自我服务时说游憩，而提到经济活动、系统性和异地性时讲旅游。因此，游憩是公共管理的范畴，而旅游是工商管理的范畴，我们认为，未来游憩与旅游管理应成为国家学科发展计划中管理门类下的一门独立一级学科。但是，目前我国的国家公园研究学者对游憩和旅游的关注十分欠缺。

《国家公园总体方案》提到：国家公园坚持生态保护第一，坚持世代传承，坚持国家代表性，坚持全民公益性；国家公园是我国自然保护地最重要类型之一，属于禁止开发区域，实行最严格的保护；国家公园的首要功能是重要自然生态系统的原真性、完整性保护，同时兼具科研、教育、游憩等综合功能；坚持全民共享，着眼于提升生态系统服务功能，开展自然环境教育，为公众提供亲近自然、体验自然、了解自然以及作为国民福利的游憩机会；国家公园除不损害生态系统的原住民生产生活设施改造和自然观光、科研、教育、旅游外，禁止其他开发建设活动。

党的十九大提出，新时代中国共产党人的奋斗目标就是人民对美好生活的向往。而《国家公园总体方案》明确了国家公园里面及周边可以搞旅游，这是公共资产提供美好生活（异地生活）方式的社会责任和政府响应。

如前文所述，国家公园作为自然保护地的一种类型，其所具有的游憩供给机会不仅是国家公园区域生态系统服务功能的实现，而且由于国家公园游憩的准公共产品属性，国家公园发展游憩也是公园部门需要履行的法定义务。除此之外，保护地部门还需要通过与非政府组织、地方政府、企业等相关力量协作，推动地方游憩和旅游的高质量发展，尤其在我国倡导生态文明和文化自信建设的背景下，可以使保护地发挥其所具有的社会效益，提升自然保护效率，并促进区域平衡，实现可持续发展。

游憩研究就是对中国特色国家公园体系建设的支持。中国特色的国家公园游憩研究要为社会服务，尤其是为社会稳定服务，为社会社区发展服务，要为国家的强大服务。具体怎么管理，需要一套理论体系的支持。中国人特有的山水审美，历史渊源很深，与西方的审美是不同的。

美好生活一定离不开游憩，游憩产品作为公共产品，理应由政府而非企业提供。不同的保护地，无论是世界自然保护联盟，还是我国内部形成的一套体系，能够为国民提供游憩和旅游服务，同时资源又可以长期被保护下来，才是合适的发展。但是，中国人口多、假期集中，经常会面临游客大量、短期、集中进入自然保护地的情况，极易对自然保护地造成较大的生态压力。不仅无法实现保护目标，同时拥挤的环境与不佳的体验也会影响游客的审美和保护意识。

（三）国家公园游憩研究体系的构建

在世界范围内，自20世纪二三十年代户外游憩研究肇始，主题多为生态学科，如研究游憩对植物的影响；"二战"后出现了户外游憩潮，社会科学领域获得关注，并认为研究成果有利于公园管理；到了20世纪六七十年代，多个社会科学学科呼吁研究国家公园游憩，但早期研究被认为缺乏理论性；20世纪70年代中下叶开始进入理论探索阶段；到了20世纪90年代，休闲和游憩研究相互融合并逐渐成熟，成果的实用性被认可，并被作为户外游憩规划和管理的理论基础。当前关于游憩的研究方法更多样、学科交叉性更强。

总体上，户外游憩和国家公园游憩研究体系的发展在西方趋于成熟，内容涉及游憩生态学、游憩质量标准体系、游憩规划和管理、游憩经济学等，目前研究的热点之一是气候变化对国家公园游憩的影响。游憩相关研究在中国虽然起步较晚，但也在逐步发展，目前主要集中在风景园林与游憩研究、生态系统游憩服务价值评估研究和环城游憩带研究。风景园林与游憩研究主要包括游憩的规划设计、城市公园和绿道游憩、游憩空间和景观设计等。

国内国家公园和保护地相关研究目前还处于前期体制探讨阶段，主要体现体制建设初期阶段、生态旅游和可持续发展研究，但游憩研究在国家公园研究中尚未突显，生态保护研究仍有待深入。

要构建国家公园游憩研究体系，需重视以下几个方面的议题：国家公园游憩规划与管理研究、跨保护地的户外游憩协同管治、国家公园游憩监控和模拟、国家公园游憩作为一种社会行为、国家公园游憩承载力研究、国家公园游憩对公众健康的贡献、国家公园游憩经济学研究、国家公园游憩供给和需求的全国性评估。中国特色国家公园游憩研究主体学科及其具体领域包括林学（森林游憩、游憩科学等）、旅游管理（游客管理、游憩行为研究等）、地理学（旅游地理学、游憩地理学等）、建筑与城乡规划（游憩规划与设计等）、自然资源科学（游憩自然资源、游憩资源保护与利用等）、经济学（游憩经济学等）等，这些研究主体通过加强沟通合作，实现上述议题的研究，为国家公园游憩管理共同发力。

总的来说，资源保护与游憩供给是国家公园的两大主要职能，中国国家公园体制建设需要游憩研究的理论支持，要保护自然保护地，应该研究自然保护地资源的使用者。中国特定的人地关系、资源制度和发展阶段，决定了需要构建中国特色的游憩研究体系。

二、中国国家公园文化沉积及其表征

（一）国家公园文化沉积缺乏表征

中国国家公园存在自然与文化交融的类型，我国国家公园的建设必须重视其中文化要素。但是，《关于建立以国家公园为主体的自然保护地体系的指导意见》中国家公园的定位侧重自然景观、自然遗产、生物多样性、生态过程，而对其中文化要素重视程度极其有限，缺少专门突出我国自然环境蕴含重要文化认同意义的国家公园类型。

文化认同意味着个体或集体对民族起源、历史、文化、宗教、习俗等的认可、接纳和支持，并由此产生的依附感、归属感和忠诚感。自然环境的文化认同意义是指如果某些特定自然环境，存在某一文化群体广泛的文化认同，那么这些自然环境就具有文化认同意义。风景中的文化认同，是自然景观的文化沉积与表征，而显然我国当前国家公园体系建设中并没有重视其中文化沉积及其表征。

（二）中国国家公园的文化沉积

国家公园作为我国自然保护地体系的主体类型，其文化沉积不仅具有一般自然保护地的基本方面——集体文化象征意义、独特地域文化沉积、新萌生的科学文化（详见第二章第二节"四、中国自然保护地旅游发展"），而且具有其他更加重要的、对国民而言的文化认同意义。一方面，中国哲学观念的孕育源自大自然。道、儒、汉化佛教思想孕育离不开中国特定的自然地理环境，在山河湖海不似中国这样的他地，就无法萌生出这样的哲学观念，而这些自然环境的实体在今天主要存在于国家公园当中。许多蕴含重要文化内涵的自然环境在旧体制中以风景名胜区的形式存在，当前风景名胜区与新体系的 3 类保护地类型关系尚未完全厘清，但从风景名胜区原来的英译名"national park of China"及其在旧保护地体系中的重要地位来看，大部分国家级风景名胜区可被视为文化与自然融合型的国家公园。

另一方面，这些重要的保护区域在今天仍然具有突出的圣地意义、山水文化精神和自然崇拜价值。自然山岳具有圣地意义。五岳自古被赋予重要的圣地意义：华夏大一统象征；位置变更体现疆域版图变化。道家思想一直与历朝历代的国脉息息相关，唐代道教被尊为国教，之后五岳被尊封五帝五神，其他一些洞天福地也具有重要意义。少数民族也有圣山体系，如阿尼玛卿山之于藏民族、长白山之于东北诸多少数民族等（姜骏，2019）。

自然山水是山水文化的起源和载体。所有山水文化的诞生均离不开我国最原始的自然环境。例如，庐山、黄山等之于山水诗、山水画的重要性，西湖之于中国古典园林的重要意义。今天这些文化的自然又都成了山水文化的载体。自然崇拜是中国自然环境之文化基因的孕育。"崇"从"山"，源于山神景仰（郑石平，1994）。对其他自然要素的崇拜，诸如天神、地神、日月神、天象神（雷雨虹云风）、石神、火神（何星亮，2008）、榕树（壮族人民）（邱璇，1992）、水火崇拜（怒族人民）（何叔涛，1992）等。自然崇拜对中国哲学、政治、经济、军事、文学艺术等传统思想体系的形成均产生了巨大的影响（钟年，1994）。山神崇拜，从地方山神信仰到五岳作为国家山神。寻仙问道，可谓中国自然之文化基因的道教文化沉积，"天下名山僧占多"体现佛教文化在中国自然环境的沉积，如表3-1所示（吴必虎，1996b）。

表3-1 佛寺在山和在城的分布

省区市	在山寺庙数量（座）	在城寺庙数量（座）
安徽	31	5
北京	18	24
福建	38	11
甘肃	4	6
广东	12	6
广西	7	0
贵州	10	0
海南	1	0
河北	13	9
河南	25	8
黑龙江	0	3
湖北	17	4
湖南	14	3
江苏	37	28
江西	16	7
四川	39	17
台湾	5	10

续表

省区市	在山寺庙数量（座）	在城寺庙数量（座）
天津	5	2
西藏	28	5
香港	2	0
新疆	4	1
云南	18	4
浙江	42	0
全国合计	531	214

（吴必虎，1996b）

因此，在国家公园开展旅游活动，尤其要融入文化。实际上国际自然保护联盟对保护地文化传承也相当重视，设立了专门的保护地文化与精神价值专家组（Specialist Group on Cultural and Spiritual Values of Protected Areas，CSVPA）；在 IUCN 保护地体系中第 V 类是"文化景观"，指一种人与自然的历时互动形成地区独特特征的区域，区域具有重要的生态、生物、文化和景观价值，对区域内这种互动的整体保护至关重要。

（三）中国国家公园文化认同意义表达

当前《自然保护地指导意见》中国家公园定位偏重于自然遗产、自然景观、生物多样性、生态过程等，对我国传统文化沉积及其表征的重视程度有限，而我国又客观存在文化自然融合型这类独特的国家公园类型，依据 IUCN《保护地管理分类使用指南》（Guidelines for Applying Protected Area Management Categories）（以下简称《使用指南》）一书对"国家公园"概念的辨析及这一分类体系的使用原则，结合日韩国立公园对文化意义的重视，我国国家公园应成为增强文化自信、保护和传承民族精神的重要载体，并重视国家公园文化认同意义的表达。具体而言，提出以下建议：

一是重视国家公园的文化沉积保护与表征。正如 IUCN《使用指南》所言，保护地分类的最初目标是要形成一种国家内部和国家之间对保护地的共识，体系中的每种类型命名只是与其管理目标的对应，而并非要求每个国家的保护地命名及管理目标与该体系中的名字和管理目标完全对应。不可否认，我国旧有体系缺乏 IUCN 管理分类中的 II 类，必须增加此类保护地以增强生态系统的整体保护。但与此同时，中国国家公园作为具有"国家代表性""国民认同度高""代表国家形象""彰显中华文明"的一类保护地。中国的国家公园不应只有 IUCN 保护地管理分类系统中的 II 类保护地，对于那些蕴含深刻中华文化内涵和重要文化特征的保护地，应增加文化特征保护和表达的管理目标，成为中国特色的国家公园，也成为增强文化自信、保护和传承民族精神的重要载体。

二是丰富自然保护地建设专家库学科类型。在各类自然保护地的监督管理、规划建设等职能统一划归到自然资源部的国家林业和草原局后，体系建设的主要智库来源也以林业、环境、野生动物等自然学科背景的专家为主，这从中国环境出版集团出版的《中国国家公园体制建设研究丛书》得以窥见。然而，如上所述，中国的自然保护地不仅需要保护自然生态系统、自然景观、自然资源，还需要促进保护和传承保护地中的文化特征、彰显中华文化特色。因此，建议进一步多样化自然保护地体系专家库学科类型，增加中国哲学、历史、地理、宗教、文学等学科学者和专家。

三是自然资源部与文化和旅游部协同推进国家公园建设。借鉴同为东北亚文化圈的日本与韩国的经验，中国自然资源部国家公园管理局应与文化和旅游部协同推进中国国家公园体系建设，加强中国国家公园文化基因的传承与活化。

第三节　中国国家公园旅游：制度创新与内容供给

在从观光旅游到度假旅游转型升级的旅游业发展背景之下，具有游憩（旅游）产品提供功能的国家公园，在旅游业发挥异地美好生活供应者的角色中，仍然是旅游吸引物第一梯队行列。国家公园旅游发展需要在新的旅游经济体系中从制度和内容上与时俱进，以更好地发挥其在区域旅游目的地中扮演的领头羊辐射带动作用。

一、加大旅游用地土地供给，提升土地综合效益

追求生产生活的高质量成为发展目标，大众度假旅游的休闲方式已经悄然转变为追求异地生活方式的愿望。需求侧的变化要求供给侧进行创新，新格局之下的新文旅应由增量供给转为高品质供给，建设居游共享、公共服务完善、用地供给合理的高等级的度假区体系，以响应过剩经济时期产业转型升级的政策需求，响应乡村振兴农村农业可持续发展的政策需求，响应城市居民对休闲度假产品的需求，响应后疫情时代就近度假需求。

在未来，建议将旅游用地纳入国土空间规划体系，让市场成为决定重新配置的主要手段和主要决策依据。土地空间资源的配置更应如此，需要谨慎对待、谨慎评估过去十年乡村旅游、民宿、度假区开发中的"违建"和"拆违"督查项目，区分违章与章违，防止"一刀切"，响应多项政策需求，从制度上和学理上构建旅游用地（特别是度假旅游用地）在国土空间规划体系的地位和实施技术指南。在此基础上评估建设一批具有国际竞争力的世界级度假旅游目的地。

尤其是对于国家公园保护区外围地带区域，需要探索农村集体经营性建设用地转变为旅游度假用地。新《中华人民共和国土地管理法》允许集体经营性建设用地在符合规划、依法登记，并经本集体经济组织三分之二以上成员或者村民代表同意的条件下，通过出让、出租等方式交由集体经济组织以外的单位或者个人直接使用。这是土地管理制度上的重大突破，但在具体执行过程中也存在问题，即集体经营性建设用地的收益怎么分配、政府提取多少、村集体留存多少、农民得到多少，关于这个问题各部门并没有给出确切的标准，这也导致后续推进很慢。农村宅基地转变为度假用地的探索也将是国家公园休闲度假产品升级的探索。

二、创新产品业态内容开发，丰富沉浸互动体验

国家公园在旅游目的地建设中要引领旅游目的地突破 2.0 版，建设异地美好生活方式 3.0 版，城镇化质量要提升、休闲供给要扩大、旅居质量要提高，增加游客消费均额、提高旅游消费质量。

（一）生态科技保障，可移动旅居科技支持下的深度自然游憩体验

在内容植入国家公园的过程中，要确保在无污染的情况下开发度假地，可以引进可移动旅居科技支持下的深度自然游憩体验，利用特景营地建设可移动休闲旅游目的地体系，如溪客度假屋、炊事方舱、集装箱公寓、售卖亭、玻璃盒子、可移动风景厕所等，把航天科技运用到自然保护地中，实现保护和利用并存，在发展游憩的同时也能保证生态环境不被破坏（见图 3-1）。

（a）炊事方舱　　　　　　　　　　（b）SEEK 风景盒

图 3-1　可移动旅居设施

（图源：北京大地溪客露营建筑科技有限公司）

（二）公路作为旅游吸引物，构建移动生活方式新载体

几乎所有国家公园内都存在公路，三江源等大型国家公园内存在国道等重要公路。将旅游公路转化为旅游产品，打造公路旅游综合支持系统，叠加公路旅游营销服务，打造自驾游目的地主题体系。公路本身就是旅游吸引物，不仅可以串联沿途景观，展示最美风光，并且公路本身就是旅游吸引物，不需要设置终点，仅以周边赏景和游憩为目的。可以利用高速公路服务区或国

道做好营销，将服务区作为景区来建设，设置酒店、咖啡、下午茶等体验区。打破以往公路的基本功能，把公路纳入旅游目的地自驾游体系，使其成为移动生活的新载体、移动生活大本营（见图3-2）。

（a）长沙三汊矶大桥

（b）厦门海上观景平台

（c）云南高速公路

（d）湖北十堰市武当山登山路

图3-2　公路作为旅游吸引物

（图源：摄图网）

（三）遗产廊道，线性文化遗产活化与古道新生

植入复合型业态激活产业动能，匹配世界遗产地，促进文旅产品升级，导入以业内高端资源，实现优质资源价值传播，个性化研发公园内重要动植物物种 IP 形象并做到多元创新应用，实现珍稀濒危动植物物种保护的社会教育认知，对公园内及周边乡村社区老旧公共建筑再利用的尝试和示范，实践以存量改造建设为抓手的乡村振兴关键路径。例如，建设乡村遗产酒店，创新乡村文化表征的中国模式。通过科技赋能旅游，AR、VR、AI 等数字科技技术产品化应用，在合适的场景用不同的技术手段产生更好的作用，如高科技博物馆、展馆，高科技天幕、水幕，AR、VR 虚拟旅游、高科技互动设备等（见图3-3）。

图 3-3　科技赋能旅游

（图源：摄图网）

（四）营地＋：开启户外休闲度假新模式

在国外，国家公园是重要的露营旅游目的地。近年来，国内营地旅游成为资本追逐的新热点，也是发展的新"风口"。然而在火热的背后，必须认识到我国营地建设还处于初级阶段，面临内容单一、服务滞后、淡旺季差异明显等问题。要发展营地旅游，必须在原本单纯的住宿属性的基础上不断融入文化、娱乐元素，同时提升服务水平、满足国家公园保护要求（见图3-4）。

图 3-4　营地度假旅游

（图源：摄图网）

第四节　国家公园生态溢出效应——以环武夷山国家公园产业带发展规划为例

2021 年 10 月 12 日在联合国《生物多样性公约》缔约方大会第十五次会议（简称 CBD COP15）上，中国政府宣布正式批准武夷山国家公园、海南热带雨林国家公园、东北虎豹国家公园、大熊猫国家公园、三江源国家公园为首批 5 个中国国家公园。其中，武夷山国家公园是我国唯一的既是世界人与生物圈保护区，又是世界文化与自然双遗产的国家公园。由此，落实习近平总书记"生态保护、绿色发展、民生改善相统一"的要求，建设武夷山国家公园，讲好国家公园故事、探索中国国家公园建设发展模式，对于从"首批 5 个国家公园"到"建成全世界最大的中国国家公园体系"跃进式发展具有重要的示范意义。环武夷山国家公园保护带实现绿色高质量发展，协调保护与开发的关系，进而推动国家公园及自然保护地生态旅游的发展。

一、武夷山国家公园发展目标

武夷山国家公园总面积 1280 平方千米，位于闽赣交界武夷山脉北段，涉及福建省、江西省 2 省，其中福建省域内 1001 平方千米，占总面积的 78.2%；江西省域内 27 平方千米，占总面积的 21.8%[①]。

作为中国首批国家公园辐射的发展示范带，立足国家公园，从国家公园到环国家公园保护发展带，建设人与自然和谐共生的现代化先行示范区，在生态保护、绿色发展、改善民生等方面都具有重要作用。基于"保护第一、世代传承、全民共享"的理念，以"生态产业化、产业生态化"和"中国山水人文生活方式的世界性表达"为思考基点，探索以武夷山国家公园顶级的生态人文资源为基础适度发展生态旅游的可持续路径，增强中国国家公园品

---

① 景区官网数据

牌价值，提升国民环境保护意识及国家认同感和民族自豪感，从而实现人与自然和谐共生的可持续发展（见图3-5）。

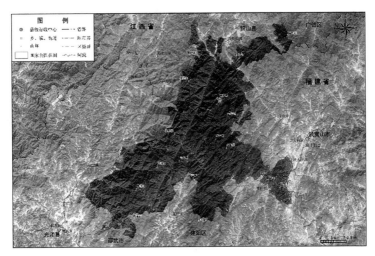

图3-5　武夷山国家公园范围

（来源:《武夷山国家公园总体规划（2022—2030年）》）

二、武夷山国家公园发展现实困境

（一）自然保护地保护与开发的矛盾

　　武夷山国家公园共涉及7个自然保护地，包括2个国家级自然保护区、1个风景名胜区、3个国家森林公园、1个国家级水产种质资源保护区。保护地涵盖自然生态系统、世界文化遗产、丹霞地貌景观、光倒刺鲃种质资源以及众多河流湿地、珍稀野生动植物资源。原有的管理模式缺少重视资源价值转化，难以满足市场需求变化。因此，对于武夷山国家公园的保护和开发，应当在不破坏国家公园生态系统原真性、完整性的基础上，充分发挥国家公园科普、教育、游憩等综合功能，同时协调当地社区居民利益，探索"封闭式"保护的突破口，以平衡生态、生活、生产之间的关系（见图3-6）。

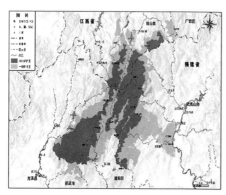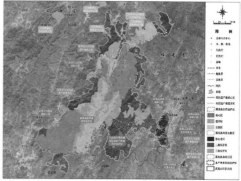

图 3-6 武夷山国家公园管控分区图、与现有保护地关系
（来源：《武夷山国家公园总体规划（2022—2030年）》）

（二）国际级的山水人文资源弱转化

"千载儒释道、万古山水茶"，武夷山经过漫长的地理演变和历史发展，其生态价值、文化价值、美学价值等具有极强的代表力、吸引力和震撼力。但在中国旅游产业快速迭代发展的背景下，武夷山尚未突破"山水观光主导"的发展模式，对旧有发展路径的高度依赖导致旅游产业、产品与当今新消费时代产生脱节，"系统封闭""产业依赖""机制壁垒"导致名山资源被不断消耗，高品质的生态价值未能得到充分转化，底蕴深厚的文化遗产保护传承及创新利用不足，未能彰显武夷山国家公园的国际级山水人文资源，更未能呈现中国国家公园的"国家品牌""国家形象""国家代表"。

三、国家公园可持续生态旅游的模式探索

（一）构建国家公园非物质生态服务体系

在严守生态保护红线的底线思维前提下，规划立足"人与生态系统是一个完整整体"的思考基点，结合生态系统稳定性及与对人类活动的不同敏感程度、敏感季节的联系，根据人类不同接触行为在不同季节对生态系统造成的不同影响，在空间上明确不同区域内的保护对象，完善建立设施管控、游憩活动管控、进入的许可制度等内容，构建具有一定灵活性的有机分区，在

生态保护的基础上提供完整的游憩服务；在时间上根据生态系统的季节周期变化特性规律，针对可进入的核心保护区，可进入的小区实行动态式交替开放模式，为生态系统的恢复、调节预留充足的"适应调节时间"。通过平衡自然生态的保护与开发关系，协调人与自然和谐发展，展开具有针对性的生态体验活动，实现游憩、审美、灵感等非物质惠益，促进生态产品价值转化，综合时空尺度，探索国家公园"动态区块"保护式利用模式。

在有机、灵活的保护理念指导下，深挖武夷山国家公园的自然人文资源，考虑不同旅游目的、旅游性质、旅游需求、旅游客群、停留时间等需求，提供一系列涵盖水文、地质地貌、生物多样性、文化、审美、生态系统、活动等方面的高品质非物质生态服务项目，以"限量、预约、低干扰"为主要开发原则，并重点发展生态观光、自然教育、气候疗愈和文化体验四种高品质生态产品，构建武夷山国家公园非物质生态服务产品体系，让不同客群都能够获得满足其个性化需求的非物质惠益（见图 3-7，图 3-8）。

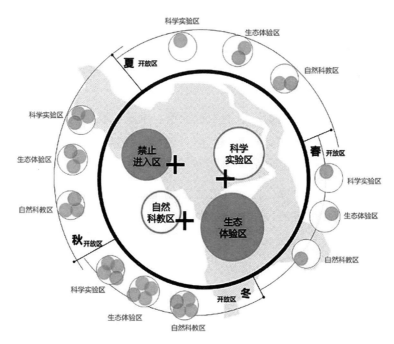

图 3-7　有机动态管理示意

（来源：大地风景上海院）

图 3-8　武夷山国家公园非物质生态产品谱系

（来源：大地风景上海院）

　　为避免游客活动对国家公园生态环境造成破坏，但同时又要提供上述的非物质生态服务功能，重点布局两大配套设施，整体结合内部社区存量建筑及外部入口游客服务中心进行有序的布置，确保旅游活动与生态保护的健康良性发展，具体配套设施规划如下：

　　——国家公园研学基地：以桐木村为重点示范，利用内部社区现有闲置建筑，依托世界红茶发源地、蛇、昆虫、鸟类等资源，引入专业自然教育市场运营团队，联合不同领域的专家学者，面向多样化的市场需求，设计系列主题研学课程，如"国家公园秘境之旅""正山小种红茶传承之旅""昆虫王国探险之旅"等，并配合国家公园季节变换与生态资源的时令特色，灵活调整课程内容及游线，旨在最大限度保护生态环境的同时，以教育科普的形式深度探索武夷山国家公园，将旅游活动的生态干扰降至最低。

　　——国家公园博物馆：在国家公园外部入口，改造现有游客服务中心，建设国家公园博物馆，成为国家公园开展各类活动的重要载体，将其打造为集保护研究、自然科普、娱乐休闲、学术交流一体的多功能空间。以数字科技赋能博物馆展览体验，通过 MR 混合现实技术，全息多媒体艺术等数字科技手段，对国家公园自然生态文化进行创意诠释。打造 4 大主题数字体验区，实现从静态展览到立体化感应互动空间的转变，打造为国际一流的数字智慧博物馆，创新表达"人与自然和谐共生"理念，提升在地文化自信与文化认同感（见图 3-9）。

图 3-9　武夷山旅游

（图源：摄图网）

（二）数字化智慧管理助力国家公园游客科学管控

依据《风景名胜区总体规划标准》（GB/T 50298—2018）中的生态允许标准以及《武夷山国家公园（福建片区）总体规划》的相关指标及现状实际发展情况，规划通过综合测算确定武夷山国家公园核心区域日游客容量最大值为 6000 人次 / 日。通过智慧景区的建设，对于游客容量进行合理管控管理，通过智慧景区的建设，实行采取线上分时预约购票、线下实名出票，分时智能检票，实现客流的科学分配和管理。准确测算环境容量、严格限制游客数量，从供需两端共同把控自然保护区的生态安全。

（三）社区共管模式，构建人与生态系统共生关系

带动周边社区绿色发展、打造社区共富模式是建设环武夷山国家公园保护发展带的重要内容。规划希望实现国家公园保护利用与社区建设的共赢发

展，而非"一刀切"地让社区搬迁，社区的生长与保护区生态系统在长期历史的沉积中已经形成了密不可分的关系，协调社区与保护区关系是实现国家公园保护利用与社区建设共赢发展的必经之路。因此，为了让社区最大限度参与到国家公园的保护和发展中，共享生态红利，并通过各种参与途径提升社区对国家公园的认同感、参与感，减少社区发展需求与国家公园保护需求的矛盾冲突，以社区共管模式实现生产、生活、文化的可持续性，提出将国家公园核心区域内部的桐木村——世界红茶发源地，通过多种措施实现生产、生活、文化的可持续，打造为国家公园内人与自然和谐共生示范村落，通过实践探索社区与国家公园共融共建的模式，具体路径如下：

——推进自然资源资产确权登记：清晰界定区域内自然资源资产的产权主体，划清自然资源资产所有权、使用权、收益权及处分权，赋予社区对各类资产在法律上和实际上的处分权，重视社区及其居民在国家公园保护与发展中的主体地位。

——成立社区旅游合作社：社区成立"以村委会为管理主体，村民全体参与"的社区旅游合作社，代表社区行使土地使用权和旅游经营权，提高社区居民参与旅游发展的组织化程度，由利益相关方共同制定旅游合作社的管理模式和利益分配制度，实现社区居民的自主组织、自主管理、自主经营和自我服务，保证社区管理的主体性。

——展开信息共享及能力培训：在社会组织和当地政府的支持下，针对社区不同利益相关者，开展多样化的能力建设培训，综合提升其组织能力、经营能力与管理能力，强化参与发展生态旅游的信心和能力。

——明确特许经济利益分配机制：通过合作社，明确不同利益方在特许经营中的责任义务，并建立公平、合理、灵活的特许经营收益分配机制，社区内部的收入分配主要包括基本收益、激励收益以及二次分配3个方面，通过生态红利补偿能够更好地激发生态保护积极性（见图3-10）。

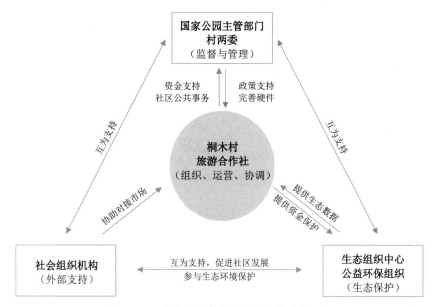

图 3-10　武夷山国家公园社区共管路径示意

（四）以风景道为纽带，促进国家公园带动周边社区发展

依托武夷山国家公园，利用现有现状道路建设"武夷山国家公园 1 号风景道"，串联沿线全要素资源，辐射带动周边区域发展，并构建立体、综合的环国家公园绿色产业带。风景道全长约 251 千米，串联起 1001.4 平方千米的武夷山国家公园，通过打造四大主题段落，在移动变化中重点联结沿线两个世界级遗产［世界文化与自然双遗产——武夷山、世界非物质文化遗产——武夷岩茶（大红袍）制作技艺］，并辐射中国庞贝古城—城村汉城遗址、朱子故居以及众多的核心景区景点和乡村旅游景点，发挥集群效应，协同发展。

规结合风景道沿线自然、文化文旅、产业资源分布情况，以"生态产业化、产业生态化"为路径，构建"1+3+N"的环带绿色产业模型，1 为打造 1 大核心文旅产业；3 为布局茶产业、竹产业、水产业 3 大重点产业；发展现代农业、生态食品、未来乡创、绿色金融、生态康养、洁净医院等为 N 大支撑产业……以此，充分发挥国家公园生态价值及品牌效应，促进环国家公园区域产业绿色化转型升级，带动周边社区共同发展（见图 3-11）。

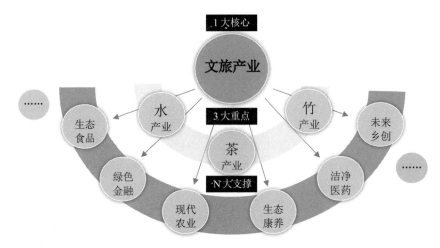

图 3-11　环武夷山国家公园发展带产业模型示意

第四章

遗产活化与旅游发展

第一节　文化遗产的形成机制与主要动力

一、文化遗产的形成依赖古代建设活动

（一）文化遗产的概念

"景观"一词，"景"在古代汉语里面，除了视觉方面的意思以外，还有高大、高尚、高品位的意思，"观"就是大家能看到，因此景观非常强调形态表现。但文化景观不一定全是建筑，也可能是非物质文化景观，这是因为文化在很多时候是非物质的，文化景观具有非具象性。如语言景观，普通话问"你在哪儿读大学？"武汉话问就是"哪里读书（xū）"，这里的"读书（xū）"就是武汉话的景观。

总之，文化景观的形成与地理环境的影响和人群社会活动密切相关，是指附加在自然景观之上，可见的、相对稳定在地表的人类创造物（周尚意等，2004）。文化景观是指人类创造出来的一些历史地段、建筑物或者建筑遗址，从整体来看，它的保护、形成、使用都是在人的作用下形成的体验或实体遗址，如城市的历史地段、传统村落或者传统村镇、语言景观等。1992 年联合国科教文组织世界遗产委员会第 16 届会议提出"文化景观"的概念，并纳入世界遗产名录，成为世界遗产的一个重要方面。

19 世纪中叶后，历史上保留下来的具有重要历史文化价值的公共财产逐渐被界定为文化遗产（cultural heritage）：一种公共的、精神的财富，需要人们共同热爱、代代传承。人们对于文化遗产的观念也逐渐从古董文物，发展到作为人类社会历史发展的见证——遗产的文化传承价值，这也是遗产的重要价值（王镜，2008；吕州，2015）。2003 年，联合国教科文组织第 32 届大会又通过了《保护非物质文化遗产公约》（Convention for the Safeguarding of Intangible Cultural Heritage），至此，非物质文化遗产被纳入文化遗产概念体

系，并在国际性标准法律文件中被正式确定，沿用至今。

（二）文化遗产是古代建设活动的结果

不管是文化景观、世界遗产、城市的历史地段还是古村落，目前这些概念中提到比较多的是"保护"，但从历史来看，遗产是建设出来的，保护只是辅助性的。深刻剖析遗产的形成过程，也是一个不断建设和修葺的过程，要讲建议。如《岳阳楼记》写到"庆历四年春，滕子京谪守巴陵郡。越明年，政通人和，百废具兴。乃重修岳阳楼，增其旧制，刻唐贤今人诗赋于其上"。滕子京不仅要重修而且要扩建岳阳楼，并且因为范仲淹的《岳阳楼记》增加了文化沉积，正是经过了这一系列的历史事件，才逐渐形成了文化遗产。

（a）孔府孔庙（吴必虎 摄）　　　　　（b）皖南古村落（图源：摄图网）

（c）开平碉楼（图源：摄图网）　　　　（d）福建土楼（吴必虎 摄）

（e）福建厦门鼓浪屿（图源：摄图网）

图 4-1　文化遗产是古代建设活动的结果

　　世界上有很多文化遗产都是这样形成起来的。曲阜的孔府孔庙是政府和家族共同维护长期建设活动的产物。西递宏村是徽商自行建设的成果，开平碉楼是海外华侨汇款回故乡建设而成。福建土楼，是历代客家人辛勤建设的成果。被纳入世界文化遗产的厦门鼓浪屿也是中国近代通商口岸的建设成果（见图 4-1）。由此可见，所有的文化遗产是经过历朝历代的人建设出来的，而不是仅仅通过"保护"而得以呈现。总之，文化遗产都是人类历史上基于生产、生活和政治的需要而建设、传承下来的结果，今天的文化遗产活化应该接续文化遗产在生产与生活上的现代要素，在尽可能多地保持原真性的同时，不排斥现代人的生活方式（吴必虎等，2022）。

二、商业活动是形成文化遗产的主要动力

（一）商业并非道德缺陷

　　传统的生产生活方式造就了传统村落和历史街区等文化遗产地，随着工业化进程的推进，人类进入城市化过程中，传统的生产和生活方式已不存在，

传统村落也逐渐消失。伴随着社会的进步和发展，农村的基本功能由原来的粮食生产，到现代农村，主要向社会提供两种服务：一是农业服务；二是为社会提供乡村生活方式的服务。住在村子里面的不一定是农民，也可以是城市居民，农村也逐渐成为游客共享的空间。

伴随着旅游业的发展，传统村落得到了活化利用，在这一过程中，也出现了"过度商业化"的问题，广受诟病，甚至认为"商业是不道德的"，存在矫枉过正的问题。过度商业化确实是需要注意的一个问题，对当地的文化传统造成冲击，这一现象已经引起相关部门的关注。但同时要承认商业活动对文化遗产的促进作用。以山西的王家大院、乔家大院为例，它们都是晋商积累，通过不断的商业活动所创造的；世界遗产地西递村、宏村在形成过程中，同样与商业活动密不可分。从整个文化遗产的形成过程可以看出，商业活动不仅不是道德缺陷，还是推动文化遗产形成的主要动力。

（二）一带一路是两大商业成果

"一带一路"是"丝绸之路经济带"和"21世纪海上丝绸之路"的简称。丝绸之路是历史上欧亚大陆的通商之路，是沿线各国共同促进贸易发展的产物，也是东方与西方之间在经济、政治、文化等多方面交流的主要道路。陆上丝绸之路起源于西汉，西汉时张骞和东汉时班超出使西域，以首都长安（今西安）、洛阳为起点，经甘肃、新疆，到中亚、西亚，并连接地中海各国的陆上通道，该通道历经西汉、东汉、魏晋时期、隋代、唐代、宋元时期，直至明清时期逐渐走向没落（见图4-2）。

海上丝绸之路，是古代中国与外国交通贸易与文化交往的海上通道，是已知最为古老的海上航线。其雏形在秦汉时期便已存在，后经过魏晋与隋唐时期的发展，在宋元时期达到鼎盛阶段，虽然在明清两代由盛转衰，却依旧是东方文明向外传播的重要传输带。海上和陆上丝绸之路，都是中国两大商业的成果（见图4-3）。

图 4-2　陕西西安大雁塔

（图源：摄图网）

图 4-3　泉州海上丝绸之路遗迹天后宫

（图源：摄图网）

　　现代的"一带一路"也是我国积极主动与中亚、南亚、西亚等沿线国家开展经济交流合作的重要战略和通道。在"一带一路"发展的过程中，文化交流也始终是其重要内容，丝绸之路是历时最久、跨越空间最广、对人类文明形成贡献最大、自然景观与文化遗产最丰富的文化旅游通道。在由中国、哈萨克斯坦、吉尔吉斯斯坦联合申报的世界文化遗产"长安—天山廊道路网"中，仅 5000 千米的道路沿线上就有 33 处遗产，其中中国境内 22 处，哈萨克斯坦 8 处，吉尔吉斯斯坦 3 处，其他文物、古城、古建筑等更是数不胜数[①]。

---

　　① 数据来源：世界遗产中文网：https://www.whc.cn/baohuan/yichan_1589.shtml

"一带一路"上的文化遗产也是两大商业活动的结果。

（三）商业带来文化交流和发展机遇

17 世纪万里茶道源于中国武夷山，从 18 世纪的汉口、福州、九江三大集散地，演变到 19 世纪中叶至 20 世纪初中叶的汉口、上海、福州三大集散地。汉口，一直是近代中国的主要茶叶集散中心之一。世界文化遗产中有很多商业遗址，如茶马古道是中国西南地区农产品与畜牧产品商品交流的骨干道路，源于古代西南边疆的茶马互市，兴于唐宋，盛于明清，第二次世界大战中后期最为繁荣。川黔水运沿线的串珠状古镇，是四川和贵州两地商业往来的宝贵结晶，商业的活力，为闭塞的乡村地区带去了实实在在的发展机遇，不仅带领当地村民致富，更促进了两地之间的文化交流（见图 4-4）。

图 4-4 茶马古道

（图源：摄图网）

商业活动是形成文化遗产的主要动力。商业活动是产生文化遗产的资本积累和财富支持，是文化沟通与交流的重要纽带。宝贵的文化遗产皆为"商业结晶"，西递宏村始建于北宋政和三年（1113 年），最初叫作"弘村"，是汪氏家族的聚居地。明永乐年间，汪氏族长请风水先生勘定环境，重新布局建筑，并引水入村。清代中期，村中再次进行大规模的兴建，并为避乾隆帝"弘历"名讳，而更名为"宏村"。可以说宏村是历代徽商带领氏族与村落居民，凭借着强大的商业财力共同铸就的文化遗产。同理，王家大院经过王氏家族历代晋商的努力，凭借着雄厚的资本，积累了底蕴深厚的王家大院，成为后世的重要文化遗产（见图4-5）。

图 4-5　王家大院

（吴必虎　摄）

（四）旅游是古村的"救命恩人"

《中华人民共和国文物保护法》（以下简称《文物保护法》）第二十四条规定，国有不可移动文物不得转让、抵押。建立博物馆、保护所或者辟为参观游览场所的国有文物保护单位，不得作为企业资产经营。

文化遗产具有脆弱性，发展旅游有可能会影响遗产的保护和可持续的传承，导致很多人误以为旅游就是破坏文化遗产的最主要原因。但实际上，旅游是古村的"救命恩人"。

三、遗产活化成为文化传承的基本途径

（一）遗产不排斥多种用途

通过今天的建设，缔造未来的遗产。活化是一种积极的保护理念，最本

质的保护就是要保持经济使用功能。活化的目标就是让文化遗产被看到、被读懂，是可参与，要向周边延伸，开发文创产品。遗产活化需要多学科参与、游客参与、社区参与、资本参与（保继刚等，2006）（见图4-6）。

（a）土耳其棉花堡（图源：摄图网）

（b）卑尔根木屋古街布里根（图源：摄图网）

图4-6　国际遗产活化成功案例

关于遗产活化的做法，国际上许多遗产在利用中并不排斥多种用途。土耳其的棉花堡属于世界文化遗产，同时开发了温泉产品，实现再利用。西澳大利亚州唯一的世界文化遗产——弗里曼特尔（Fremantle）女子监狱，被改造成为青年旅馆，游客可体验布满铁丝网的"牢房"。世界文化遗产城市卑尔根木屋古街布里根（Bryggen）基本上在商业经营，对文物保护和社区可持续发展并不会造成影响。由此可见，在遗产的保护利用中，并不排斥多种用途的利用，相反，这种可持续发展的理念更有利于遗产的保护和传承。

（二）遗产活化中的原真性理论

遗产活化有三种主要的原真性理论支持，分别是客观主义原真性、建构主义原真性、恋地主义原真性（Hanna et al.，2016）。

客观主义原真性，即考古遗址与原样重建，重点在于客观主义原真性的呈现，在历史信息保存较完整的条件下，重建要求原址、原材料、原工艺、原功能，如台风后重建的浙江泰顺廊桥——文兴桥，以及将完全按照原貌重建的巴黎圣母院。

建构主义原真性，即价值观表达与风貌再建，重建旧构，再现物质景观，基本轮廓和主题风格可考，不必原材料原工艺，允许、鼓励新功能植入，如洛阳隋唐古城定鼎门保护罩。

图 4-7　六和塔

（图源：摄图网）

恋地主义原真性，即忠于原址与新构创建，重点在于原址呈现历史空间信息，历史地段符号化、舞台化，提供现代功能，居游共享，建筑风格，应用科技和创新的材料工艺。

文物的原址地方感有早期场景价值。原址中包含的历史事件、历史场景与场所精神，比建筑本身更需呈现。原址所携带的场所基因和精神价值，要远远大于文物建筑本身的价值。同时在场景的进化与历史场景呈现中，重建、再建、创建，难以做到修旧如旧。例如，厚重体态的六和塔必须直面汹涌钱江潮，响应钱塘江口杭州湾大潮的风水意义（见图 4-7）。

（三）建立新的遗产观

在文化遗产的活化利用中，需要解决三个问题：产权、资本及品质。一是重视物权，保护产权，提高建设精品项目的积极性；二是提高投入，没有资本参与不可能有精品留史；三是注重产品的品质建设，慢工出细活，不要赶工快速建设。

建立新的遗产观，即与历史对话，为未来留史。马克思说，人们自己创造自己的历史。现代的旅游开发，在利用传统文化的同时，要做到保护和活化利用并举，既不能只保护不利用，也不能过度开发利用。在活化利用的过程中，首先要设计清晰的产权制度，为后期的活化利用从制度上解决产权问题。其次要充分发挥社会资源的最大价值，提供社会资源的利用效率，解决资本问题，为创建精品项目，保障项目品质提供资金保障。同时在遗产活化利用的过程中，还要牢记切勿急功近利。

第二节　遗产活化的理论基础和呈现方式

一、遗产活化"保留风景"的哲学思考

在"2018中国旅游风景大会"上，笔者就曾经提出"四个风景"理论框架，其中一道"风景"，即"保留风景"，强调"已经知道的风景，要把它们世世代代传承下去，但是这个传承是在利用的前提下"，只有平衡保护和利用的关系才能实现真正的遗产保护。从价值层面角度来看，遗产作为过去生产和生活的产物，将其与生产生活割裂开来难以实现文化遗产保护，与文物价值观的长远发展存在冲突。从物质建设角度来看，基于中国文物建筑大多以土木结构为主、需要不间断修缮维护的特点，有效的活化利用能够更好实现文物建筑保护。因此，选择合适的遗产活化方式能够更好实现遗产价值的传承与发展。其中，旅游活化，是副作用最小的保护发展，也是最好的遗产活

化方式。

遗产具有生态、文化、审美、经济等多方面的价值。通过旅游实现遗产活化就是将遗产资源转化为旅游产品，发挥其内在价值的同时兼顾遗产资源的保护传承，可以从以下三个方面实现文化遗产的活化：

第一，遗产功能打造。文化内涵、教育功能以及休闲服务功能的塑造，这是所有进行遗产活化工作需要最先解决的问题。遗产本身承载着厚重的历史文化内涵，通过遗产活化实现其文化内涵的外显，借助遗产这一资源媒介，帮助旅游者在旅游体验过程中感受地方历史、民俗、节事等地方文化氛围（见图 4-8）。遗产的教育、科研价值在推动文博、考古、地理、旅游等学科的深入发展方面具有重要作用。以旅游方式进行遗产活化能够丰富大众教育方式，以趣味化体验的方式实现地方历史文化的传承与发展，满足国民文化消费需求。遗产活化中休闲服务功能的塑造是依托旅游开发，重点解决保护与开发之间的矛盾、开发主体之间的矛盾以及利益相关者之间的矛盾，平衡保护遗产与旅游开发的相互关系（阮仪三等，2001；赵悦等，2013；吴文智等，2003）。

图 4-8 延安安塞腰鼓（西河口）

（吴必虎 摄）

第二，遗产管理主体。旅游驱动文化遗产的活化利用是所有地方政府、保护部门及相关机构应当共同承担的社会责任。遗产的活化要通过"利用"来实现保护，而关起来保护、"一刀切"的保护方式虽然操作简单易行，但缺少技术含量，难以实现代代传承的目标。简言之，对于遗产活化管理主体来说，既需要实现不同部门之间的协调合作，同时应当更新观念，兼顾遗产保护与遗产活化。

（a）爱丁堡（吴必虎 摄）

（b）那不勒斯 Santa Chiara 历史综合体（图源：摄图网）

（c）卢加诺 Morcote Castle 古堡（吴必虎 摄）

图 4-9 国际世界文化遗产活化案例

第三，活化经验借鉴。国际上有很多世界文化遗产活化的案例。例如，挪威布里根有很多木质房屋，通过商业化改造促进社区的可持续发展；英国的爱丁堡是世界文化遗产，在历史建筑中配套餐厅设施为旅游者提供服务；意大利的那不勒斯的 Santa Chiara 历史综合体兼顾考古挖掘与商务会议功能；土耳其棉花堡属于古罗马时期的世界文化遗产 Hierapolis 古城遗址传承历史功能，让当地居民和外国游客能够体验过去贵族的温泉浴；瑞士卢加诺的MorcoteCastle古堡提供兼顾学术与娱乐需求的场所……通过学习借鉴世界各地遗产资源活化利用的优秀案例，形成符合国情、因地制宜的开发理念、方法、手段等，推动我国遗产活化工作开展（见图4-9，图4-10）。

图 4-10　黄鹤楼

（图源：摄图网）

二、历史场景的呈现方式

在故宫南迁学术研讨会中，笔者提出"历史场景（historical eventscape）"这一新的学术概念。历史场景是特定时期、特定事件在地方上的烙印，具有重要的寄托意义，对历史场景与历史地方（historical place）的固守与呈现具有不可替代的重要地位。基于中国人更加显著的地方执念和地方依赖感，场所精神比建筑本体具有更加重要的保护和传承价值。历史场景与历史地方将会成为中国人重要的精神消费产品。针对具体的活化呈现模式，学者们将其划分为3种基本范式：

第一种方式是客观主义的活化模式（静态博物馆），尊重文物遗迹的原始面貌或保留其出土时面貌，通过在原有地址上使用原有建筑材料和原有工艺再建造以保留建筑物原有功能，如长城、故宫、颐和园等，拥有较好的客

观主义原真性，不需要进行更多的"加工"，保护工作相对重要。该学说以
Boorstin 和 MacCannell 为主要学者（见图 4-11）。

（a）颐和园　　　　　　　　　　　　　　　　　　（b）长城

图 4-11　客观主义的活化模式

（图源：摄图网）

第二种方式是建构主义（实景再现）模式，更适合历史场景的活化，实
现某种视觉形式的呈现，采用现代工艺进行"文物包装"，仅作为悠久历史象
征的有形展示，提高文化遗产传播的效率和广度，如西安唐大明宫采用的框
架展示方式，以及唐洛阳城定鼎门保护罩再现方式等。这一学说以 Bruner 和
Culler 为主要代表学者（见图 4-12）。

（a）西安唐大明宫遗址　　　　　　　　　　　　（b）唐洛阳城定鼎门遗址

图 4-12　建构主义模式

（吴必虎　摄）

第三种方式是述行主义（舞台化表现）模式，基于述行主义原真性进行
舞台化表达或视觉设计，如开封在北宋汴梁地方性基础上建设的清明上河园，
杭州在南宋都城文脉基础上开发宋城千古情等，都是舞台化的述行呈现方式
（见图 4-13）。

（a）清明上河园　　　　（b）宋城千古情

图 4-13　述行主义模式

（吴必虎　摄）

关于遗产活化的方式各有千秋，不再详细展开，但是其活化的基本路径都要考虑以下 4 点：尊重场地特征和文脉延续、考虑遗产空间的保护与利用、提炼具有区别度的特定文化主题、提供更多样的游憩性和参与性活动。在此基础上，通过旅游这一方式，对历史地方、历史场景，乃至于更广泛的文化遗产等进行具象化呈现，实现护用并举的目标。

第三节　大遗址活化利用实现路径——以汉长安城为例

汉长安城作为曾经汉朝的政治、经济、文化中心，在形制、布局、建筑风格、精神内涵等方面综合反映出时代特色。此外，规模大、价值高、稀缺性强等特点决定了大遗址应当以保护与利用作为基本出发点（樊海强、权东计，2005）。因此，以下将按照"现状—背景—理念—路径"的基本思路对汉长安城大遗址的活化利用实现路径进行讨论。

一、现状：管控与失控

汉长安城大遗址的保护利用现状整体处于"顶层严控、底层失控"状态，完整的、具有针对性的规划方案难以在实践中得到有效落实。

从顶层规划设计角度来看，根据《汉长安城保护总体规划（2009—2025）》要求，"严格限制外来人口进入遗址区；重点保护范围内土地，只能作为遗址保护、展示及相关配套设施使用；禁止新建任何对遗址和遗址景观造成破坏的企业；保护范围内农业种植应按照遗址保护和展示的需要，调整种植的类型和结构"。由此可见，汉长安城大遗址的保护规划主要遵循传统、静态的保护模式，以防止遗址受到损害为主要目的，从人类活动、设施建设、产业经营、农业生产等多个方面对大遗址保护进行严格规定。全方位、封闭性的保护规划为大遗址保护建立起牢固的安全围栏。

从底层实际发展情况来看，人为因素是"失控"的主要根源：遗址区内外发展差距越来越大，由于保护限制，遗址区内基础设施建设难以满足发展需要（陈幺等，2015）；保护区内村民私搭乱建导致遗址破坏，区内房屋村落多为历史遗留，随着农房的改造建设，部分城墙遗址被直接用于房屋院墙使用；违法违章小型企业占用大量耕地导致用地效率低，并且工业企业生产造成遗址保护区土壤、空气、水质的污染等，最终致使遗址区受到蚕食和破坏（见图4-14）。

图4-14　保护区内"失控"现象

（图源：摄图网）

综上所述，顶层制度与底层实践之间未实现有效对接。在规划编制过程中，基于遗址价值重视保护规划是必要的，但单一的规划目标，缺少综合因素考量的规划设计，最终将出现由于过度管控而导致"失控"。规划需要平衡总体与个体的需求，落实到群众的切身利益上。因此，从多方面、多角度进行综合分析，协调利益相关者，保证规划目标的可行性。

二、背景：政策与形势

随着国家层面上对遗产保护与活化利用工作越发重视，汉长安城大遗址的保护利用也将迎来重要的发展契机，无论是遗产活化还是多规合一都将面对新的发展趋势：

一是"两山理论"——"绿水青山就是金山银山"。作为文物保护单位管辖资源，文化遗产、自然遗产实际上也是绿水青山的一种。研究"绿水青山就是金山银山"归根结底是研究"就是"二字，若仅仅局限于后面 2 个"山"或前面 1 个"山"都难以实现"两山理论"的有效实践。但从实际发展情况来看，不同管理部门考虑问题的侧重点也有所不同，比如，文保部门或自然资源保护部门主要强调"绿水青山"，而经济发展部门和地方政府则更多考虑的是"金山银山"。"两山理论"作为习近平生态文明建设战略思想的重要组成部分，发源于地方实践的同时也指导地方实践，对发展观念和发展方式转变具有重要的指导意义（牛韧等，2018）。因此，只强调保护，不重视利用，是缺少对习近平总书记后一句"就是金山银山"的理解；如果只强调经济指标、发展旅游，对遗产保护重视不足，则是忽视了"绿水青山"的发展要求，因此，只有同时平衡"金山银山"和"绿水青山"才是对"两山理论"的有效践行。在遗址保护的同时，进行适度开发利用，充分发挥遗产资源经济、文化等多方面价值，才能实现综合发展目标。

二是遗产活化。"考古遗迹和历史文物是历史的见证，必须保护好、利用好"，"要把历史文化遗产保护放在第一位，同时要合理利用，使其在提供公共文化服务、满足人民精神文化生活需求方面充分发挥作用"[1]，"切实加大文物保护力度，推进文物合理适度利用，使文物保护成果更多惠及人民群众"……[2] 习近平总书记多次强调，针对文化遗产既要保护也要利用，保护不

---

① 2020 年 9 月 28 日，习近平主持中共中央政治局第二十三次集体学习时的讲话。

② 2016 年 4 月，习近平总书记对文物工作作出的重要指示。

是一成不变而是要活化利用。因此，在发展观念发生变革的同时，相关法律条框也应当随之调整，建议在《文物保护法》中专门新增加一章——"合理利用"。由此可以说明，文物部门、旅游部门、地方政府和中央政府都面临着同一个问题——如何使文物让老百姓或者国民看得到、看得懂。实际上，仅仅是"看得到"这一点，在很多时候都难以实现，因为文物挖掘以后又会回填，即使是相关展示，由于专业知识障碍也难以实现"看得懂"。因此，对于普通游客来讲，更加需要通过文化遗产活化以提升旅游体验。

对于文化遗产活化来讲，在面对新的发展趋势的同时也面临着一些挑战和机遇：

一是多规合一的国土空间规划。新的国土空间规划将所有规划整合到一起，由自然资源部主导。"多规合一"的工作重点在于规划协调，在法律、机制、体系方面仍在不断探索。由于文化遗产的保护与利用也是需要将不同空间规划进行统一整合，因此，综合考虑行政管理、用途管制、建设工程等内容。汉长安城大遗址应当制定专门的、具有针对性的活化利用规划，将保护工作与合理利用进行有效结合，并入国土空间规划，实现从上到下一张图，探索科学发展路径。

二是乡村振兴规划。乡村振兴是中央对解决"三农问题"的一项重要部署。由于大遗址区域受到多方限制，不能得到完全发展，逐渐成为"城中村"。而这些"城中村"的发展需求应当是地方政府、文物保护专家、旅游专家关注的重点。只有平衡多方利益，才能够保证顶层规划的顺利推进，避免"管控"却"失控"现象的出现。因此，综合多重目标是汉长安城在总体规划中应当考虑的重点，尤其是大遗址区域不等同于一般的古建筑，涉及非常多的景观，并且与居民生活联系紧密，在进行认真勘探、考古调查的基础上，制定一套综合考虑多方面利益主体需求的保护和利用规划，是实现大遗址区域可持续发展的重要保证。

三是利好政策的出台。当前正处于文物保护与利用改革的活化转型发展阶段，在面对契机与挑战的同时，部分利好政策的出台也为遗产活化提供助力。例如，《中共中央关于全面深化改革若干重大问题的决定》提出，"在符合规划和用途管制前提下，允许农村集体经营性建设用地出让、租赁、入股，实行与国有土地同等入市、同权同价"。2019 年中央一号文件提出，"在修改相关法律的基础上，完善配套制度，全面推开农村土地征收制度改革和农村集体经营性建设用地入市改革，加快建立城乡统一的建设用地市场"。以上政策为汉长安城附近范围内农村集体建设用地的开发提供机会，让政府、平台公司、外来资本有更大的发挥空间，有利于进一步促进遗产的活化利用。目前大遗址区的土地价格还处在一个尚未完全显现的阶段，在农村集体建设用地可以进入市场的政策背景下，通过认真编制《汉长安城大遗址区域保护和活化规划》，保证农村集体建设用地能够合法进入合理的使用范畴，由此，刺激区域内的土地开发，带动区域内的经济发展，提升居民生活水平，并且在文物保护的基础上，实现优秀传统文化的传播与发扬。

三、理念：保护与利用

汉长安城国家大遗址保护与活化利用以"护用并举、央地兼顾"为发展理念，即一个规划一张图纸，既要考虑保护，也要考虑利用，既要考虑中央，也要考虑地方政府。

第一，寻找遗址保护与利用的平衡点，在有效保护的基础上进行合理利用，对于大遗址的可持续发展具有重要作用。大遗址的价值不仅局限于遗址本体，更在于大遗址背后的营建思想、地方文脉与场所精神。现在的遗产是曾经文化沉积的有形展示，来源于人类的生产与生活，是历代人类建设而非孤立保护的结果。历史上的生产、生活、商业活动、文化创新是形成遗产的主要动力，现代人不仅要保护遗产，更要缔造未来的遗产，作为曾经的生产、生活、生态空间，大遗址部分功能在当代应得以延续。在考古发掘及研究的基础上，采取遗产地科学的活态保护策略，创造性转化、创新性发展才是根本的保护与传承。

第二，中央政府各部门政策与地方社区经济发展需要统筹兼顾。中央在顶层制度设计方面发挥方向性指导作用，地方政府在宏观政策背景下因地制宜、因势利导开展遗产活化利用工作。结合"护用并举"的发展理念，在地方实践过程中，挖掘大遗址历史、科学、艺术等核心价值，并在核心价值的基础上开发旅游、观赏、娱乐、体验、游憩等衍生价值，满足旅游者消费需求，刺激地方经济发展，实现地方发展与中央指导的统一（见图4-15）。

图 4-15　汉长安城大遗址

（吴必虎　摄）

四、路径：空间与产业

汉长安城大遗址的活化利用应当从"要空间、构产业、惠民生"三方面着手，实现从遗址区到遗产地的转变，通过"见人、见物、见生活"，打造文化特色鲜明、居游共享型的遗产社区。

在空间上，构建"立体化"文化遗产保护活化体系。"立体化"包括地下、地面和空中三个空间。首先，地下遗址层，应遵循客观主义原真性，承担考古发掘与展示功能，用于展示历史脉络，将保护、发掘、修复、展示、遗产教育活动整合为一体。其次，地面功能层，遵循建构主义原真性，按照基本轮廓和主题风格进行功能更新，满足居民生产生活需求。最后，空中视廊层，按照恋地主义原真性，应当基于原址，保留核心的地理基因，提供体验和信仰空间，满足人类视觉与精神消费需求。综合来说，三重空间互相呼应，相互支撑，相对隔离，融为一体（Ning, 2017）。

在产业上，构筑大遗址保护、文化阐释与展示、社会经济发展三位一体的产业体系。大遗址保护在利用文化遗产本体的基础上，建构旅游、教育等产业体系，建设考古遗址公园、"汉"系列博物馆、汉长安文化小径等，开展考古、研学等活动，展现汉人精神面貌、生活方式。通过文化阐释与展示方式以满足旅游者文化消费需求，建设产业多元、业态丰富的汉长安城，包括文化创意、节事会展、休闲农业、康体运动、演艺娱乐、公共服务等内容，挖掘文化内涵并进行有形展示；社会经济发展需要其他功能产业的配套支持，在综合功能发展区结合西安产业发展战略布局开展兼容性产业，包括人工智能、研发设计、传媒、商贸、信息服务、电子商务、金融服务等。

在民生上，通过城中村"有机更新＋社区营造"实现文化自豪感与生活品质双提升，主要体现为四大抓手。一是基础设施提升＋公共文化服务提升。以"微改造"为手段，导入国际一流的社区公共文化服务资源，如乡村图书馆、乡村村史馆、乡村社区中心、乡村文化礼堂、乡创孵化基地等。二是有序引导城中村存量房屋有机更新。鼓励村集体与企业形成合作机制，以综合整治为主，整合辅助性设施加建、功能调整、局部拆建等方式，实现城中村有机更新，鼓励双方通过运营合作方式发展众创办公、长租公寓等项目。三是培训带动"汉长安"文创休闲农业内容品牌升级。通过文化主题餐烹饪技能培训、文创农礼包装技能培训、旅游接待服务技能培训、生活美学技能培训、手工技能培训、乡村解说员培训、新媒体传播技能培训等，进行农景、农味、农礼、民俗、民艺和民宿等建设。四是构建 IP 主题公共景观，打造沉浸式网红打卡地。构建"IP 带您游"的旅游标识导视系统，赋予大遗址标识牌生命力。构建公共景观建筑系统，充分利用 IP 家族元素改造公共空间、角落等，增加互动点、拍照点，改善乡村环境缺乏互动性小品景观现状。

第四节　中国传统乡村景观的保护与利用

传统村落作为承载中国传统物质和非物质文化遗产的重要空间场所，近年来受到学界和产业界持续关注。在全球化、城镇化和现代化浪潮冲击下，传统村落面临消失、衰败与空心化的危机。随着现代城市居民快节奏、强压力和怀旧观驱使，寻找乡愁和记忆的故乡成为乡村发展的新动力和新机遇。

图 4-16　江西省上饶市婺源篁岭古村

（图源：摄图网）

一、传统村落的价值保护

（一）传统村落价值要素

作为乡村类遗产的重要组成部分，传统村落过去被称为历史村落、历史文化村落或古村落（刘大均等，2014）。中国传统村落作为中国乡村聚落的一类代表，是指村落形成较早，具有鲜明的区域地理特征，拥有较丰富的文化与自然资源，具有一定历史、文化、科学、艺术、经济、社会、生态价值，应予以保护的村落（汪清蓉等，2006；郭晓冬等，2012；康璟瑶等，2016）（见图 4-16）。

中国传统古村落的价值是在长期历史发展中沉积下来的（薛宝琪等，2012）。中国村落的延续在于其本身具有一套独立运作的生产生活体系，作为小农经济的组织基础，村落系统中包含自给自足的生产要素与生活资源，具有较为稳定的社会结构和文化传统，能够满足居民基本的社会需求（冯淑华，2002）。由此，地方性知识和精神信仰得以传承，形成传统村落深厚的内在价值。传统村落的价值包含了生产生活的方方面面，相关研究对此展开了深入讨论并总结提炼出价值要素体系。朱启臻等（2011）提出乡村价值论，提出以包含山、水、生物、气候、矿产等的自然资源要素，包含技术、知识、人口、组织、社会关系、风俗习惯、乡规民约、信仰等的社会与文化资源要素以及包含农产品、手工制作品、民间艺术、服务等的乡村社区形成的产品要素作为传统村落三大核心价值要素，共同组成村落的价值体系。此外，申明锐等（2015）提出乡村具有农业价值、腹地价值、家园价值，也是对新时期中国乡村的再认识。

综上所述，传统村落是具有自然价值（如农业生产价值、耕地保护与利用价值、生态价值）、社会价值和文化价值的地域实体，传统村落的价值决定了其保护与利用的重要性。

（二）传统村落保护利用

（a）日本白川乡和五屹山历史村落　　　　　（b）韩国河回村和良洞村

图 4-17　现有人类居住的活态乡村类遗产地

（图源：摄图网）

随着 20 世纪 70 年代联合国教科文组织（UNESCO）《保护世界文化和自然遗产公约》的签署，世界文化与自然遗产保护运动在全球蓬勃开展。《世界遗产名录》所收录的遗产地中，目前还存在许多仍有人类居住或保持着人类活动的活态乡村类遗产地，如日本白川乡和五屹山历史村落、韩国河回村和良洞村、中国安徽西递宏村、中国福建土楼、中国广东开平碉楼与村落等（见图 4-17），从可持续发展理念出发，人类有责任为后代保存这些珍贵的文化记忆（邱丽 等，2011）。目前，由政府与社会力量共同参与，中国已形成"世界—国家—省—地方"传统村落多级保护体系，可见传统村落保护与利用是当下的重点与难点，随着实践发展，学术界的研究也从"专注村落保护"向"保护与利用并举"的方向转变（刘沛林，1998）：

（1）过去学术与实践重点在于传统村落的保护。国内对传统村落研究的学科包含建筑、旅游、景观、园林、遗产、考古、人类学等，在宏观空间上主要从国家、省、市域视角分析传统村落空间分布规律及影响因素，在微观空间研究方面主要集中在空间形态、景观基因、空间秩序、景观格局、景观肌理等。此外，传统村落价值评估（王云才等，2006）也是重要研究内容，基于传统村落价值确定评价指标体系以便于进行对村落进行分级分类管理。

（2）近十余年来，学者开始探索传统村落保护与利用并举的双赢之路。其中发展旅游产业是在保护基础之上更好地延续传统村落遗产价值的重要途径。传统村落的历史文化、景观价值是吸引现代游客的重要因素。国外研究关注村落发展旅游与保持文化传承及原真性之间的关系。通过对传统村落居民感知与态度的调查，研究旅游发展对目的地社区造成的影响（章锦河，2003）。由于传统村落生态环境脆弱，可持续发展问题成为新的研究方向。在国内，近20年来传统村落独特的吸引力为地方旅游业的发展提供非常大的助力，基于旅游角度的研究主要集中于开发原则、模式、措施等，旅游发展影响也是研究热点之一。传统村落旅游发展大都采用社区与旅游区一体化模式，发展旅游业是社区的共同目标，社区居民享有发展权利的同时也要承担义务。由于社会经济背景不同，政府、公司、村集体、村民等一个或多个主体参与其中，形成了政府主导、政企合作、村集体与精英主导的3种主要模式（吴必虎，2017）。不同的经营模式产生的影响也有所不同，部分偏重经济利益的旅游发展模式难以实现长期的可持续发展。但事实上，正确引导下的传统村落与旅游互动会产生积极影响，促进村落保护与传承。

综上所述，"旅游活化"这一概念，以旅游驱动村落价值要素的活化利用，实现保护和利用双重目标。

二、传统村落的旅游活化

（一）"活化"起源

"活化"一词最早来源于自然科学中的生物学、化学领域，"活化"概念最早被引入"遗产活化"的研究领域，如我国台湾地区在 20 世纪 90 年代末首先提出"古迹活化"。遗产活化的对象经历了从点状建筑到面状街区、城镇，从有形到无形再到二者兼具，包括历史建筑、工业遗产、历史街区、古城古镇、无形文化遗产等（甘信云等，2017）。针对活化的内涵或原则，喻学才（2010）认为遗产活化是把遗产资源转化成旅游产品且不影响遗产价值的保护传承；谢冶凤（2017）提出有形文化遗产的活化是从静态保护到更新再利用的过程，对无形文化遗产或重要历史事件的活化是一个有形化、可视化、重现或重演的过程。

遗产活化目的、途径方法多样，不仅要以目标遗产或遗产建筑及设施本身这一物质实体展开活化，还需考虑如何促进遗产地经济、社会、环境的可持续发展，实现遗产及遗产地的整体性保护与利用。

（二）旅游活化的目标、原则与对象

旅游活化理念可以应用于不同遗产资源的管理利用和可持续发展，如历史街区、大遗址、线性（线状）遗产、古村镇遗产等。Castells（1996）提出空间逻辑正分化成地方空间与流动空间两种不同形式，所有的地理学关系均若隐若现地根植在距离的阻力上。传统村落的地方空间存在于其历史文化的传承上，即地理学所指的地方性；流动空间则体现在全球化和旅游流影响下的村落社会文化变迁之中。传统村落的保护与活化恰好对应地方空间与流动空间（吴必虎，2012）。

旅游活化作为活化方式之一，其目标是促进城乡交换，促进村落生产与生活方式的延续，促进自生发展动力的形成。传统村落发展旅游不仅满足了城市居民的怀旧情感，还在村落居民生计转型后进一步促进了古村的复苏与发展，可以加快现代农业发展速度，提高乡村土地利用效率，实现乡村一二三产业有效融合，对推进农业农村现代化发挥关键作用。

传统村落旅游活化的原则是恢复村落的生产与生活功能，导入现代旅游功能，实现传统与现代融合；强调社区和公众主动参与的自下而上管理路径。旅游活化不是简单的旅游开发，不是门票经济，不是仅形态上修旧如旧，而是对更新、再生、可持续再生等思想内涵的深化和外延的拓展。过去的文化

沉积，缘于农民的农业生产和乡村生活；现在的空心化和旅游化，缘于农民自由迁出和外来访客的怀旧游览；未来的旅游活化，将会依赖村民与市民的空间共享、社区再造和新乡居生活方式的形成。

将传统村落价值体系嵌入旅游活化过程，可解释传统村落旅游活化对象。研究所秉承的价值观即承认传统村落所具有的价值要素，并以维系和传承这些价值为根本原则进行旅游活化。传统村落具有自然、社会文化资源价值要素，通过将自然资源要素中传统的农业生产方式、手工技艺与旅游观光产品、旅游纪念品、旅游餐饮、特色美食相结合，可再现村落的农业生产价值；通过将社会文化资源要素中淳朴的风俗习惯、良好的人际关系、村落的教化功能等与旅游度假、体验产品相结合，让游客体验村落传统的节庆活动、和谐氛围，可再现村落的社会文化价值，借此达到旅游活化目的。

（三）村落活化的内涵与方式

传统村落旅游活化的逻辑解释如图 4-18 所示，旅游活化是其中一种方式，是以旅游作为村落发展的主导与激发产业，融合农业、工业等其他产业类型，构建新的经济生产关系，活化的根本是把传统村落作为一种生产空间保留下来，发挥新的经济功能。针对村落遗产，朱莹等（2013）以群落生长机理类比古村落的发展脉络，认为静态的标本保护会让枯竭的群落成为一种假象存在，有区域新生长的阻碍，正确的保护方式是通过活化机制为古村落注入新生命机能，开启新一轮生命周期。

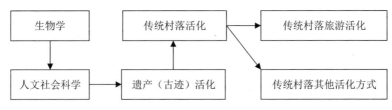

图 4-18　传统村落旅游活化来源的逻辑解释

传统村落活化存在多种方式方法，日本、韩国及我国台湾地区盛行"社区营造"。周樟垠等（2016）认为目前中国社区营造的组织模式正由政府主导的"自上而下"模式向由原居民主导、政府支撑及社会各界组织共同参与的

"上下结合"模式转变。因此，发挥社区居民在传统村落旅游活化过程中的作用，对于社区发展和遗产保护利用都具有重要意义。谢冶凤等（2015）提出旅游导向型古村落活化，通过原住民自豪感提升、有形文化遗产活化和无形文化遗产活化三个方面打造具有社区主导性、文化生长性和发展持续性等特点的旅游导向型古村落。并且结合国际经验，将生态博物馆作为促进旅游导向型古村落活化的实践途径之一，能够有效激活乡村遗产，打造具有吸引力的旅游体验空间。

（四）旅游活化实践：乡村遗产酒店

乡村遗产是指位于乡村地区，对当地社区具有纪念意义和身份认同意义的物质及非物质遗产，具体包括乡村聚落形态及建（构）筑物、传统农业景观和其他生产方式景观、自然生态环境、非物质文化遗产（周睿等，2015）。

乡村遗产酒店作为保护利用传统村落和盘活古民居等闲置遗产资源的重要方式，为古村落的活化利用提供了新的发展模式（李轩等，2021）。通过利用乡村地区的物质及非物质遗产资源，结合当地人文、自然、生态等特点加以改造设计，为游客提供当地文化与生产生活方式体验，促进社区文化传承和可持续发展。中国在地乡村遗产酒店的创新，诠释了东方人的文化遗产观。2018年10月28日，中国古迹遗址保护协会第四届理事会全体会议上审议了"乡村遗产酒店"遴选工作实施情况汇报，经过集中讨论和投票，以全体参会理事会委员（29人）2/3以上的得票数支持推荐入选首批示范项目，最终确定首批示范项目的入围名单共5个，截至2020年11月，共有10家乡村酒店入选，为我国乡村文化遗产保护、推动乡村地区经济发展开启新的征程。

三、古村落保护与活化的十个"不能"

新乡村的形成不仅是一个乡村社会结构的变化，更是国家治理结构的变化。城镇化的快速发展导致"礼失而求诸野"，中国传统文化在人口从农村向城市流动的过程中消失了，只有回归乡村才能"寻根问祖"。农村是中国文化原始的基因库，传统村落的保护不局限于有形的建筑实体，还有其背后隐藏的文化基因。

（一）古村保护与活化，不能让人才徘徊

人才回乡需要人性化法律和制度的支持，通过土地制度、物权制度等刺激人才回流。但目前由于城乡经济发展差距、个人价值实现偏差、教育体制限制等诸多因素，导致乡村人才回流仍存在重重阻碍（刘嫦娥等，2018）。此外，土地产权模糊、村落建设投资不足等问题成为古村落保护与活化的一大难题，也是重构乡村社会的关键所在。

（二）古村保护与活化，不能过于依赖政府

古村的保护和活化不能过于依赖政府，而应该更多地发挥社区和居民的作用，提高他们的参与度和积极性。同时，也需要重视古村的文化价值和人文关怀，将保护和活化的措施融入到古村的生活中，从而实现古村的可持续发展。

（三）古村保护与活化，不能随意抄袭

不同地域面对的现实情况也有所不同，应当学习经验、因地制宜、灵活运用。以乌镇模式与长江村模式为例，很多古镇都在经历长三角快速工业化进程后消失了，乌镇则通过大规模旅游投资实现保护与活化，并成功从观光旅游向乡村度假转型。而贵州长江村位于经济发展相对落后的地区，不适合乌镇的大规模投资模式，通过以情怀为主题的公益模式或联合外来资本与地方政府合作的开发模式更有利于带动地区经济发展（见图4-19）。

（四）古村保护与活化，不能画地为牢

古村保护与活化需建立跨界沟通机制，让不同专业、不同理念的人共同参与到遗产保护利用的工作中。同时，农民作为乡村的主人，只有关注到农民的切身利益与需求才能保证古村落保护与利用工作的有序推进。农村与农民共生发展，只有通过与农民的沟通交流才能真正触摸到乡村的体温。

（a）乌镇　　　　　　　　　　（b）土家古寨贵州长江村

图 4-19　乌镇模式与长江村模式

（图源：摄图网）

（五）古村保护与活化，不能单干

古村保护与活化涉及农民生活、商业开发、文物保护、农业生产、非遗传承等方面，需要建立多个部门协作、多类制度参与的跨部门协调机制。综合性的古村保护与利用工作需要组织多个部门共同参与，会同处理有争议的问题，在协调沟通中推动传统村落的保护与利用工作。

（六）古村保护与活化，不能硬上

古村保护与活化需要软开发，"软"是价值观的包容共生，"软"是保护与活化和谐共舞。过去一直把古村落保护与活化对立起来，随着社会的进步，当"互联网+"赋予现代性、后现代性新的内涵时，古村落保护与活化的矛盾拥有了越来越多的解决方案，古村落保护与活化的融合趋势也越来越明显。古村落保护就是活化的艺术，古村落活化就是保护的方式。

（七）古村保护与活化，不能排斥商业化

从历史与未来两个维度看待古镇古村商业化：古镇古村是历史上商业繁荣的见证，古镇古村的未来取决于商业输血与文化输血，通过"双输"才能实现未来"双赢"。没有商业价值的古镇古村是脆弱无力的，没有文化价值的古镇古村是暗淡无光的。适度商业化为文化提供坚实经济基础，文化价值挖掘为商业化提供契机，两者相辅相成、共同促进。

（八）古村保护与活化，不能盲信教条的专家

乡村是有机生命体，需要以综合的知识体系来进行保护与活化。一个古村的成功改造涉及不同领域的专业知识，如果缺少知识贯通的能力难以对实践发展形成全面的把握。

（九）古村保护与活化，不能作茧自缚

乡村景观遗产是分布于乡村范围内的，记录了某一历史阶段特定乡村景观特征的，具有重要的历史文化与自然教育意义的景观存在（王云才，2004）。当前中国有大量乡村性景观亟须保护，体量很大，因此，可以通过建立中国乡村景观保护的制度体系，重视乡村景观价值保护，为发展乡村旅游创造机会。

（十）古村保护与活化，不能冒进

传统村落作为文明传承的重要载体，在活化利用的过程中应当保留原始风貌，同时满足居民对更好生活环境的需求。因此，地方政府的古村落保护与活化工作应当循序渐进，在保护传统村落的基础上进行旅游活化，同时考虑传统村落的脆弱性，避免过度开发导致对传统村落的破坏。此外，要以多维度指标对工作成果进行监督评价。

四、理论模型建构

基于传统村落的价值要素，旅游活化对于传统村落的保护与利用具有重要作用，在了解实践注意事项的基础上，构建理论模型在指导实践规范化、体系化方面具有重要意义。

（一）模型背景

传统村落旅游活化本质是人地关系，即研究人与其生活的地方（村落）间的相互作用与影响。因此，应当根植人文地理学建构理论模型。

首先，社会文化转向是模型提出的理论背景（王兴中等，2007）。20世纪70年代人文地理学开启社会转向，并于90年代开始重视文化并引领文化转向（顾朝林，2009）。文化转向被认为发现了人文地理学研究空间变化的动力本质，该动力源于思想（价值、情感等）产生的文化动力，即文化营造空间的微观研究方法论，揭示了微观文化空间结构，逐渐形成三大流派：空间传统流派、社会—生活空间结构流派（重点是列斐伏尔空间生产理论）、地方理论流派（以段义孚地方理论为基础）。其中，地方理论流派根植于存在主义现象学，围绕地方固有特征与其文化依附性展开研究。周尚意等（2011）曾归纳文化地理学的核心概念是赋予了人类情感和意义的空间——地方，一个地区长期积累的文化以及人们对这些文化的认同使该地区具有了地方性，区域是人们认识空间的产物，是主观建构的结果，由区域建构主体赋予意义后的区域就是地方。

其次，对文化的基本分类是模型提出的思想源泉。"地方"是由生活在这个空间内的人类与自然环境长期相互作用所形成的，地方民众对当地形成深刻认知并塑造了独特的地方文化空间。对传统村落这一"地方"的活化，本质上是对地方文化进行保存与传承，对地方意义进行延续和再造，即地方性的再生产。城市化过程中传统村落文化空间可能在转化过程中解体，也可能以新的面貌塑造出新的文化形式。Huxley（1959）对比人类和生物演化过程，提出了朴素的三元文化分类模型，将文化分为心理事实（Mentifacts）、社会事实（Sociofacts）和媒介事实（Artifacts）。心理事实（Mentifacts）是文化最持久、最核心的要素，包含宗教、语言、逻辑、礼仪、工艺等，属于抽象和精神层面，与人类思维与观念形成密切相关，它构成了区分与衡量不同文化类型的意识形态和想象。社会事实（Sociofacts）是文化中联系个人和群体的要素，个人层面包括家庭结构、再生产、性别行为、子女养育等，群体层面包括政治和教育系统等。媒介事实（Artifacts）是文化中联系群体与其周围物质环境的要素，包括群体生存技能、居住环境、交通等。

（二）模型建构

在Huxley模型基础上，廖本全（2001）进一步发展了对文化的理解，提出"三层文化体模式"——上层精神层、中间社会层及下层器物层（见图4-20），凸显文化的本质与内涵，可作为文化分析的基础概念：精神层是意义中心，包括文化核心及观念系统，塑造文化体的主体意识、自我认同乃至文化方向；社会层是根据观念系统与文化核心而落实于社会生活的客观性规定，是一个社会族群中与社会生活互动所形成的文化结构；器物层是一个社会族群适应自然环境、进行衣食住行育乐等生计活动的具体表现，与精神层和社会层交互辉映。三层文化体通过行为系统所体现的人与社会、人与环境的关系进行互相连结、演化与共存，阐释从具体到抽象的整体文化概念。吴传钧先生曾提出"人地关系地域系统"是地理学的研究核心。在此基础上，人地关系分析框架可进一步分解为多层间关系，人地关系地域系统分析就是剖析生计层、制度层、意识形态层和自然层之间的关系，周尚意（2017）将其称为"四层一体"。

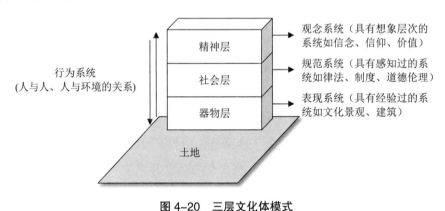

图4-20　三层文化体模式

　　秉承人文地理学文化转向的传统和现实，结合对"三层文化体模式""四层一体"的思考，嵌入与旅游相关的思想与理论，建构一个连结人、传统村落、旅游三者关系的传统村落旅游活化可持续路径模型（见图4-21），将传统村落的旅游活化过程当成一个地方文化再现过程，阐述如何进行传统村落旅游活化。

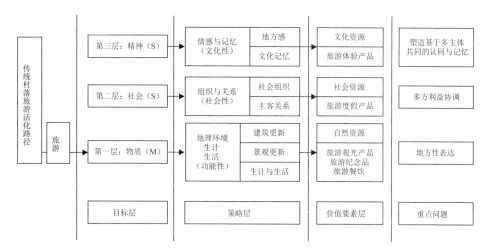

图 4-21 传统村落旅游活化可持续路径模型（MSS 路径模型）

（三）模型解读

在整体模型结构上，纵向看，可持续的传统村落旅游活化路径包括物质层、社会层和精神层三部曲。旅游是前提条件，起诱导与催化作用，可由政府、村集体、企业、社会组织或精英等单一或多主体驱动；横向看，对应于目标层中的物质层、社会层和精神层的是每一层的具体转变策略、所对应活化的价值要素及活化中应注意的重点问题。

首先，传统村落的旅游活化过程会驱使其物质层发生改变，具体体现在地理环境、生活和生计等功能性要素的更新与改变。通过设计旅游观光产品、旅游纪念品、旅游餐饮、特色食品等，活化村落原有的自然资源价值要素。餐饮、住宿、娱乐、体验等旅游相关功能的植入将改变传统村落的外在面貌，更新可大可小。若传统村落物质遗存较多，则尽可能保留街道、风水布局等原有村落格局，仅对建筑内部进行更新；若传统村落物质遗存不多，则可在遗存周边进行适度改建。物质层更新是可持续发展的必经阶段，实质是"用进废退"的动态进化论思想，使村落向适应环境的方向改变。此阶段需尊重地方性表达，恢复表达地方性的文化景观，赋予其新的生产、生活与旅游功能。

其次，传统村落的旅游活化过程会驱使其社会层发生改变，并主要体现在社会组织形式和社会主要关系的变化上。传统村落需活态传承，如何尊重、维护并充分表达居住在村落里居民的权利与意愿是传统村落成功活化和可持续发展的重要环节。旅游度假产品的设计可以帮助游客深入体会旅游在挖掘和展现传统村落社会资源价值方面的作用。旅游业改变传统村落居民的生计策略，调整人和物的关系。传统社会组织结构受到旅游业影响发生改变，社会关系也由于旅游活动得到不同程度的巩固、恢复、破坏甚至再造。社会层还强调传统村落中个体和群体利益之间的协调。西方基于旅游的社区参与理论认为，居民决策和利益分配是体现社区参与度的两个重要指标，即居民在旅游发展过程中是否享有决定社区事务的权利，是否有表达自身利益诉求的权利，是否平等享受旅游发展带来的收益。

最后，精神层是指通过旅游活化带来传统村落物质层、社会层改变后，村落中所生活的人群在意识形态、思想、价值观上所发生的积极改变，即情感培养和记忆的唤起与重塑。通过旅游体验产品的设计将传统村落文化资源价值要素进行传承和发扬。旅游活化的结果是提升地方居民的归属感、认同感和自豪感，并形成具有持续吸引外来游客或新居民的机制，目的是唤醒集体的文化记忆、形成统一的地方认同。如果旅游发展没有带来模型中第三层之精神层的变化，那么这种村落活化便不具有可持续性。

模型构建的物质层、社会层和精神层之间相互依存、共同演化。物质层是基础和载体，是精神层在现实世界的投射。社会层将不同阶层人群组织起来，通过社会结构和关系的重构为精神层提供制度保障。精神层所形成的意识形态又可以进一步指导物质层的持续更新和社会层的不断优化。

（四）模型创新

基于保护与利用并举，提出传统村落"旅游活化"概念并试图基于自然、社会和文化价值资源要素，以廖本全"三层文化体模式"和周尚意"四层一体"为基础进行拓展与创新，建构传统村落旅游活化的可持续路径模型（MSS 路径模型）。首先，廖本全和周尚意的理论出发点在于地方性挖掘，目的是诠释此地与彼地构成的不同，解读某一地方空间的特征即"是什么"，只涵盖目标层。而 MSS 路径模型提出了目标层、策略层、价值要素层和重点问题，不仅明确了是什么，还明确了为什么（价值要素）和如何做（策略）。

其次，三层文化体模式和四层一体并不是针对旅游活动的理论，MSS 路径模型弥补了旅游在活化传统村落理论方面的缺失，是对这两个理论在旅游研究领域的深入推进。最后，将四层一体中的自然层、生计层纳入物质层，实际上是对四层的进一步整合。按照模型所提出活化路径演进，旅游作为催化剂，在传统村落活化中扮演积极角色，最终形成一个可持续的演进和循环机制。该路径具有整合性，不仅包含了经济、社会和环境维度，还将旅游活动、行动者、关系网络等有机联系在一起。旅游活化的策略层和价值要素层之间不完全一一对应，存在互动关系。如辣椒本身是一种农作物，具有自然资源价值，但其种植、收获与辣子酱的制作则含有社会价值，吃辣子是一种地方习俗又具有文化价值。因此，围绕辣椒可通过销售旅游纪念品辣子酱、体验手工石磨碾辣子的过程对其进行活化。

（五）模型应用

建构传统村落旅游活化的可持续路径模型，并对其要素和概念进行解释，目的是为后续研究提供一般性的理论与分析框架。鉴于目前传统村落活化研究处于起步阶段，期望能为对传统村落活化感兴趣的学者抛砖引玉，对路径模型各层进行更细致深入的研究（见图 4-22）。

（a）安徽黄山徽州区呈坎古村 　　　（b）云南红河州石屏县郑营古村

（c）浙江温州永嘉县岩头镇芙蓉古村　　　（d）江西吉安市青原区渼陂古村

图 4-22　中国传统村落

（吴必虎　摄）

　　传统村落空间需兼具功能性、社会性与文化性（杨学志，2014）。以往在传统村落保护与利用的部分实践中，只重视第一层物质层的改造与规划，易造成过度商业化，如丽江古城曾被诟病过度商业化；或者直接将传统文化景观原封不动地保留，毫无生气，忽视对社会层和精神层的完善。

　　传统村落活化的最终目的是展示文化的传承性，实现地方文化再现，最后强化地方认同。在此过程中需处理好两对矛盾：一是旅游带来的商业化和传统性之间的博弈，既要保证村落原住民现代性的实现，又要保留和传承传统文化；二是处理好旅游管理过程中政府干预和居民自我发展的博弈，自上而下的政府介入配合自下而上的社区参与才能保证旅游商业化中社区治理的有效性。

第五节　古河道遗产活化——以黄河故道（江苏段）为例

　　黄河故道是黄河文化的重要组成部分，对其进行遗产活化具有重要意义。首先，黄河在苏皖等地留下诸多古道遗迹，大大改造了区域地理环境，影响着地方文化的形成与演变，提供了丰富的物质与非物质文化遗产，是黄河文化多样性和差异性的重要体现，对黄河故道进行遗产活化具有必要性。其次，目前人们尚未认识到黄河故道遗产对于黄河整体的重要意义。目前相关研究多从史学角度陈述历史，通过分块梳理遗产资源，重点关注其旅游价值，对于已开展的遗产保护和利用关注较少，实践方面整体开发程度低、手段少、意识差。虽然黄河故道现存遗产大部分使用功能已经退化或丧失，但仍具有文化、消费和价值再生产等多种功能。因此，理应关注黄河故道遗产功能的转变，让黄河故道文化走进日常生活，这对于建设黄河国家文化公园意义非凡。

综上所述，本节以黄河故道（江苏段）为例，梳理黄河改道的区域地理效应，整理和解读黄河故道的物质与非物质遗产体系，重新认知黄河故道历史，发现黄河故道遗产的历史文化价值，扩大黄河国家文化空间所涉及的空间范围。最终提出黄河故道遗产活化的宏观战略和微观路径，以更好指导黄河故道的遗产活化工作，完善国家文化公园战略。

一、黄河改道的区域地理效应

（一）黄河下游改道的广泛影响

我国历史时期以来的黄河下游河道历经 26 次大的改道，深刻影响下游地区的地貌变化。根据多史料记载的黄河下游改道的历史（见表 4-1），足见其"善淤、善决、善徙"的特点。以河南孟津为顶点、北抵天津、南至淮河的大三角区域为黄河下游河道摆动的空间范围，面积达 25 万平方公里，冲积形成华北平原，即黄淮海平原。黄河流域范围内降水集中，中游黄土高原地区土质疏松、易被侵蚀，水土流失情况严重，导致黄河泥沙含量极大，年均输送约 16 亿吨。黄河下游泥沙淤积继而引发河床抬高等地貌变化，这是造成黄河多次改道的主要原因之一。1855 年以来，黄河在山东填海造陆的面积达 2300 平方公里，导致海岸线不断向海洋延伸。1986 年至 2016 年，黄河三角洲地区向海洋扩张了 20.98 千米（王春迎等，2019）。

表 4-1 黄河下游改道的部分史料记载

时期	年份	相关记载
周	公元前 602 年	"周定王五年，河徙自宿胥口、东行漯川，右迳滑台城，又东北迳黎阳县南，又东北迳凉城县，又东北为长寿津，河至此与漯别行而东北入海。"

续表

时期	年份	相关记载
汉	公元前 132 年	"瓠子堤在今滑州白马县，武帝元光中，河决于瓠子，东南注巨野，通于淮泗，至元封二年塞之也。"
	公元 11 年	"河决魏郡，泛清河[①]以东数郡。先是莽恐河决，为元城冢墓害，及决东去，元城不忧水，故遂不堤塞。"
两宋	公元 1041、1048 年	"庆历元年三月，汴流不通。八年六月乙亥，河决澶州商胡埽。是月，恒雨。" "庆历八年，商胡北流，于今二十余年，自澶州下至乾宁军，创堤千有余里，公私劳扰。近岁冀州而下，河道梗涩，致上下埽岸屡危。"
	公元 1128 年	"杜充决黄河，自泗入淮，以阻金兵。"
元	公元 1344 年	"元顺帝至正四年五月，河北决白茅堤，六月又北决金堤。濒河郡邑皆罹其害。水势北侵安山（在砀山县南），延入会通运河。"
明清	公元 1489 年	"弘治二年，河又北冲，白昂、刘大夏塞之，复南流。一由中牟至颖、寿，一由亳州至涡河入淮，一由宿迁小河口会泗。"
	公元 1855 年	"咸丰五年，铜瓦厢之决，河由大清河入海，果复北行。"

（二）黄河改道对苏北平原的塑造作用

聚焦于苏北平原，关注黄河改道在该地区的区域地理效应。历史时期，黄河多次南侵夺淮，其中以南宋至晚清时期黄河对苏北平原地理环境的影响最为显著（吴必虎，1996a）。南宋至明代，黄河侵入淮河流域，但河道并不稳定，黄河先后或同时以泗水、汴水、涡河、颍河等多个支流入海，这一时期黄河散漫流淌，泥沙分散淤积，对苏北平原区域地理环境影响较小。明弘治七年（1494），刘大夏等人采取"北岸筑堤，南岸分流"的治黄策略，在黄河北岸堵塞决口并筑成了长达 1000 多里的太行堤，同时在南岸开凿河道引导黄河有序分流。至此，黄河分为多条河道南下入淮。明嘉靖二十五年（1546），黄河结束分支入淮的阶段，"南流故道始尽塞……五十年来，全河尽出徐、邳，夺泗入淮"。而经过多年治理，到万历四十四年（1616）黄河河道基本稳定，即为今日苏北平原的黄河故道（王聪明等，2016）。自此，大

---

① 安徽省宿州市下辖县；清河，今江苏省淮安市市辖区。具体参见段伟、李幸：《明清时期水患对苏北政区治所迁移的影响》，《国学学刊》2017 年第 3 期。

量泥沙源源不断地输送到苏北平原，对苏北平原的区域地理环境产生了极大影响，主要包括自然和人文地理环境两个方面。

在自然地理环境方面，河流水系、地形起伏、土壤性质、海陆空间和局地气候环境等受到黄河改道所带来的大量洪水和泥沙的影响。首先，黄河改道扰乱了苏北平原原有的河流水系系统。一方面，淮北区域分布沭河、六塘河、盐河和蔷薇河等众多水系，但经过黄河浊水长期的反复浇灌，淮北区域大川小港无不淤浅淤窄，甚至淤平。颍水、涡河、濉河等水系逐渐发展成为黄河支流。以硕项湖、桑墟湖和青伊湖为代表的淮北古潟湖群，在黄河夺淮后，受黄河泥沙加速沉淀的影响，湖泊缩小后残留部分积水，另有部分流水四溢到附近洼地，最终消失。另一方面，又由于"黄高淮低、黄强淮弱"，淮河排水入海的出路受阻，导致其在盱眙和淮阴之间的低洼地带滞积，原有诸多小湖泊连成一片，最终形成了洪泽湖。据《清史稿》记载，"洪泽下流，自高堰至清口约二十里，原系汪洋巨浸，为全淮会黄之所"，明清时期，淮北地区低洼之处新增湖泊数目甚多，如南四湖、骆马湖等。其次，黄河带来大量泥沙，在明清时期"借黄济运"政策的引导下，使得苏北平原上运河河床抬高，运河四周地势由南高北低转变为北高南低。再次，黄河夺淮造成淮北地区的水系决溢增多，加之海潮倒灌，致淮河下游大部分地区土地沙化、盐碱化严重，土壤性质被大大改变。最后，黄河扩展了陆地文明空间。1128 年，黄河支流南下，由淮河河道至北沙（阜宁附近）流入黄海；1495—1855 年，黄河下游全部注入淮河并最终流入黄海，海岸线开始迅速向东推移，造陆面积超过 1 万平方公里，河口三角洲前缘直抵黄海中部，相当于现在 20 米等深线附近，形成了面积广大的陆地；1855 年后，黄河夺大清河河道改由山东入海，苏北平原沿海泥沙量锐减。即便海岸线在海浪作用下以每年几十米的速度迅速后退，但旧时淮河河口所在的阜宁，距离今日海岸仍有 60 公里（王颖等，1998）。另外，由于河流水系和土壤质量共同变化，使鱼米之乡变成了麦、谷、黍、豆为主的旱作区（程天文等，1985）（见图 4-23）。

图 4-23 苏北平原种植发展

（图源：摄图网）

在人文地理环境方面，黄河改道对苏北平原人类活动的空间分布格局造成显著影响（李高金，2010）。首先，水利工程建设的重点区域在保证以运河漕运为中心的前提下，不断向黄河河道和黄淮交汇处转移。较高的泥沙含量使得黄河河道不断抬高，为保证黄河与淮河顺利汇流、运河畅通，明清两代采取"蓄清、刷黄、济运"的治理方针，堤、坝、堰、运河等大量水利工程围绕黄淮交汇处和区域内的湖泊水系展开，如里运河堤、高家堰和归海五坝。苏北平原上的许多城市地势低洼，通过在城市周围修建护城堤以抵御洪水侵袭。其次，黄河改道影响着苏北平原城镇的迁移兴衰（王俊清，2010；赵筱侠，2013）。第一，黄河河患严重，威胁着沿岸居民的生存，明清时期的徐州府和淮安府境内下辖各县曾多次迁移治所，包括沛县、邳州、砀山、宿迁、萧县、清河和徐州城[①]等。例如，徐州曾因黄河的多次决口而短暂迁移避难，"黄河大溢，徐州水积城中者逾年，众议迁城""（天启）四年（1624）六月，徐州魁山堤，东北灌州城，城中水深一丈三尺……徐民苦淹溺，议集赀迁城，给事中陆文献上徐城不可迁六议，而势不得已，遂迁州治于云龙"。除了因黄河水直接淹没而废弃的城池外，黄河泛滥而引发的自然地理环境恶化，造成诸多城池农业衰落、经济滞缓、水运和陆运道路废弃（邹逸麟，1980）。

---

① 沛县，今江苏省徐州市下辖县；邳州，今江苏省徐州市下辖市；砀山，今安徽省宿州市下辖县；宿迁，今江苏省地级市。

第二，黄河改道也影响着大运河的节点城市发展（吴朋飞等，2020）。为保证运输，淮安府成为漕运转陆运的中转之地，人员往来频繁，大大刺激了淮安商品经济的发展，促进了淮安府的繁荣与兴盛。第三，河患同漕运、水利工程建设等因素一同发挥作用，引起市域范围内城镇空间格局的变化。以明清时期的淮安府为例，境内的清河县城、山阳县城和清江浦镇均与黄河接近，但清江浦镇附近的黄河流速平稳，该地受河患影响相对较轻，闸坝堤防虽几经维修仍能发挥作用，其漕运、仓储地位不断提升，逐渐成为淮安府境内的重要城镇，清河、山阳则逐渐衰落。最后，黄河泛滥影响着城镇内部的景观形成与演变。第一，黄河泛滥带来的泥沙使城池内部地势变低，积水难以排出，塑造了城市内部的坑塘景观。第二，完整的防洪排涝体系逐渐形成，以维护居民的安全和城市正常运行。防洪排涝设施包括河堤、护城堤、护城河或环堤河湖、城墙、坑塘、涵洞等。第三，黄河水患淹没城池，带来大量泥沙，造成"地下城"和"城叠城"的景观。以明天启年间的徐州城受黄河水患威胁被迫迁移为例，因其旧址在漕运、军事、经费、仓库、民生和府治等方面的重要性，最终选择在原址附近短期避难后，回到原址重建徐州城。而城内多年不退的积水和淤积严重的泥沙使得旧城已然不复存在，新的徐州城只能在淤土之上重建，上城与下城的街、巷、府、庙等重合度较高，形成了今日徐州"城叠城"的著名景观（李高金，2010）。

二、黄河改道的理论研究概况

基于黄河改道在下游地区和苏北平原等造成的广泛影响，关于其区域地理效应的相关研究也较为丰富，可划分为自然地貌、人类活动空间格局和治黄经验三类：

第一类研究关注黄河改道对于区域自然地貌的塑造作用，认为黄河是华北平原的主要塑造者。范颖等（2016）指出，黄河改道对于下游地域的水系变化和土壤结构类型变化影响最为显著。黄河改道会破坏原有水系，造成河流与湖泊的淤废，也会形成新的河流与湖泊，如黄河径流量的变化与今山东省东平湖的兴衰演变密切相关（喻宗仁等，2004）。黄河泛滥带来的泥沙沉积改变土壤结构，降低土壤肥力，不断在入海口淤积，扩宽陆地空间（彭安玉，1997；章人骏，2000）。

第二类研究关注黄河对于城镇、埽堆①等人类活动空间分布的影响。王长松等（2021）发现黄河改道对区域城市的空间布局造成显著影响，如黄河夺淮入海后，流域内水系紊乱，地方发展较海河流域和关中地区落后，城市密度较低。陈诗越等（2020）通过分析历史时期黄河下游埽堆遗址的时空分布特征，发现黄河下游地区埽堆遗址空间主要集中于鲁西南和豫东北等黄河决溢和改道频发的地区。

第三类研究多从黄河下游决溢和改道的原因与规律入手，总结历代治黄经验及其对当代黄河治理工作的启发。黄以柱（1982）认为黄河中上游的水土流失、流域内降水量和历代统治者治黄能力等综合因素，导致黄河下游决溢地点出现自下而上、循环往复的特点，通过协调泥沙与降水的关系，保护和治理黄河流域整体自然环境。进入现代社会以后，出于对区域安全性的考虑，胡春宏（2016）认为对黄河"淤积—摆动—改道"规律的研究可为黄河下游地区人工改造和综合治理工作服务。

以往针对黄河改道区域地理效应的研究，为后续展开黄河改道对苏北平原的区域地理效应分析提供框架基础。

三、黄河故道（江苏段）的物质与非物质文化遗产体系

在了解黄河改道历史、区域地理效应以及相关研究的基础上，梳理黄河故道（江苏段）的物质与非物质文化遗产体系，有助于探索遗产活化的实践路径。

（一）物质文化遗产体系

黄河故道（江苏段）的物质文化遗产体系围绕沿线城镇、建筑遗存、水利工程设施展开（闵庆文等，2018）。

---

① 埽堆：生活在平原地区的古人类为躲避洪水而用土堆起的土丘或台地。

首先，沿线城镇文化包括古城镇的选址和空间格局。如上文所述，徐州城地势险要，自古是兵家必争之地，也是漕运要道和仓库重地，且与下属州县距离适中，方便管辖。重要的地理位置使得徐州城在军事、漕运和治理等方面拥有巨大价值。因此，即便徐州城曾一度被黄河泥沙掩埋，新城仍然在旧城之上进行原址重建。而后按照古城旧制打造出"城叠城、街叠街、井叠井、府下有府、庙下有庙、闸下有闸"极具特色的新城空间格局，是黄河故道物质文化的重要体现（贺箫笙，2019；赵明奇，2000）（见图4-24）。

图 4-24　江苏徐州城

（图源：摄图网）

其次，建筑遗存包括城墙、寺庙、府衙、仓库和民宅等遗址及其内部文物遗存（荀德麟，2015）。作为重要的建筑遗存，古城墙也发挥着防范洪水的作用，是城市防洪排涝体系的重要一环。苏北人民普遍信仰水神，苏北平原上的诸多龙王庙"见证"了漕运繁荣和黄河泛滥的历史。如宿迁的龙王庙行宫（又称敕建安澜龙王庙），始建于清代顺治年间，为"安澜息波，消除水患"所建，经过多次修复和扩建，一直发挥着重要的祭祀功能（胡梦飞，2013）（见图4-25）。此外，位于淮河入海口的羊寨是著名的革命老区，华中局会议旧址、单家港战斗遗址、世明烈士陵园和刘少奇故居等红色文化遗产承载了老一辈革命家的奋斗史。

图 4-25　宿迁龙王庙行宫

（图源：摄图网）

最后，水利工程设施主要包括堤、坝、沟渠、运河、垛、护岸、闸门、防汛屋、防汛石（土牛）、溢洪区等。如位于洪泽湖东岸的高家堰，历史悠久，在明清时期经历了多次延长加固与改造，其建材选择、弯曲的堤身走向和砌石技术，以及挡浪消能的坦坡、涵洞和减水坝，均体现了我国古人的治黄智慧和高超的建筑成就（卢勇等，2011）（见图 4-26）。

图 4-26　洪泽湖湿地

（图源：摄图网）

随着黄河改道，人们对黄河故道沿线的物质文化遗产关注度降低。许多承载了苏北平原历史记忆的城镇衰落，独特的城镇历史被人遗忘，建筑遗存也逐渐消失。水利工程设施大多陈旧老化，更换不及，已经无法发挥原有的治理功能，无法满足现代抗洪、排涝和灌溉等需求，也无法作为旅游资源发挥功能。因此，对黄河故道（江苏段）物质文化遗产的挖掘与梳理，对于当地资源开发利用、遗产活化十分必要（见图 4-27）。

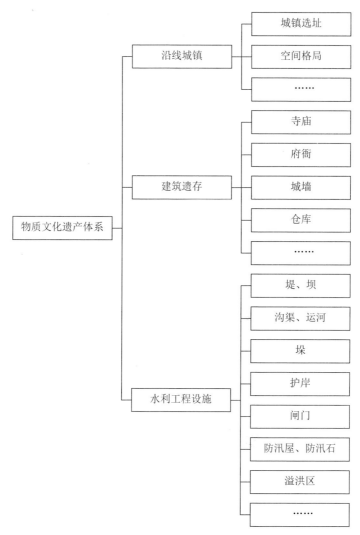

图 4-27 黄河故道的物质文化遗产体系

（二）非物质文化遗产体系

黄河故道（江苏段）非物质文化遗产体系包括治水文化、精神文化和民俗文化三个部分（见图4-28）。

首先，治水文化，主要包括黄河水利工程技术的演变和发展历史、治黄经验与治黄人物。第一，水利工程技术，如洪泽湖高家堰历经千年，在不断的抗洪实践中发展出弯曲的堤身走向、挡浪消能的坦坡、涵洞和减水坝等，是我国水利工程技术演变和发展的有力体现。又如为保证江淮漕运而修建的"归江十坝"于清代末年建成，后历经清除坝埝、裁弯取直等措施后，至今仍是淮河主要的泄洪通道。第二，治黄经验与治黄人物（张瑞雪，1997）。明代潘季驯曾多次主持黄河和运河的治理工作，著有《河防一览》，以"筑堤固槽、以堤治河、遥堤拦洪、缕堤攻沙"为治理核心，提出"蓄清刷黄"的治河方略，是古代治黄思想的一大转变。但明代"治黄先治运"的方针片面地追求明祖陵的安稳和漕运的顺畅，虽然"蓄清刷黄"短期内效果良好，但难以实现综合治理，广大民众仍受其害。明清时期均过于强调下游治理，忽视了对中游水土问题的关注，又因社会环境的限制，所推行的区域政策具有局限性（单树模，1985；俞孔坚等，2007）。

其次，黄河故道的精神文化，包括人地和谐的生态文明。黄河的迁徙摆动体现了人与自然的不断博弈，讲述了一个关于追求"人与自然"平衡发展的故事。在生产力低下时，人类只能依赖和敬畏自然环境，被动地适应自然挑战；当生产力提高，人类的拼搏行为是对自然环境的主动应对，积极地筑堤建坝适应和预防河道摆动所带来的影响，最终达到新的平衡。黄河故道的文化本质在于对自然的敬畏、对过往的反思、对人地和谐生态文明的不断追求，其中也蕴含着"坚韧不屈、拼搏创造"的民族精神（马建昌，2018）。

最后，民俗文化，包括神话故事、民间的水神信仰和节庆风俗等（Riftin，2006）。第一，黄河水患灾害以及频繁的漕运和河工修建是造成苏北平原盛行水神信仰的主要原因，官方对于河神、龙王、天妃等水神信仰的鼓励与推动促进了水神信仰的普及。其中金龙四大王是苏北平原上最有代表性的水神之一，也是黄河和运河的河神。各地的龙王庙为往来客商、漕帮、旅人和当地民众提供了重要的祭祀场地和社交空间。自清代以来，水神信仰和节庆风俗联系在一起，每年的农历正月初八、初九、初十均为龙王庙行宫庙会日，民众纷纷在此期间参拜龙王、燃放烟花爆竹、举办祭祀活动，还有各类民间艺人进行民俗表演，被列为苏北地区36处香火盛会之首。第二，黄河是中国上古神话的故事源泉、历史文明的见证者，苏北平原至今盛行着黄帝崇拜，黄帝、伯夷和少昊均以水神身份接受民众祭祀（胡梦飞，2013）。

黄河故道（江苏段）的非物质文化随着现代科技的发展、物质实体或空间的覆灭逐渐被人们所遗忘，许多民俗表演也不再传承。追求人地和谐的黄河故道精神文化，蕴藏着古人"坚韧不屈、拼搏创造"的精神，是中华民族的宝贵精神财富。尽管古代的治黄经验与思想具有局限性，但仍能为现代黄河治理提供借鉴与参考，是古代人民与黄河拼搏的体现，是重要的非物质文化遗产。因此，对黄河故道（江苏段）非物质文化遗产的挖掘与梳理十分必要，过去的智慧在今日依旧可以发挥作用。

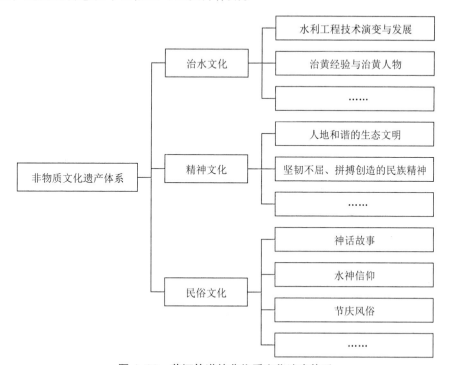

图 4-28 黄河故道的非物质文化遗产体系

四、黄河故道遗产活化的战略与路径

（一）遗产活化战略：将黄河故道（江苏段）纳入黄河国家文化公园体系

党的十九届五中全会上通过的《中共中央关于制定国民经济和社会发展第十四个五年规划和二〇三五年远景目标的建议》明确指出，要"传承弘扬中华优秀传统文化……建设长城、大运河、长征、黄河等国家文化公园"，这体现了社会各界对于黄河历史文化的认同。然而，黄河故道（江苏段）并未纳入黄河国家文化公园体系之中，对于黄河国家文化公园建设的空间范围的讨论，局限于当前黄河流经的 9 个省、自治区（青海、四川、甘肃、宁夏、内蒙古、陕西、山西、河南、山东），忽视了历史时期黄河下游曾多次改道，流经今安徽、江苏、河北和天津等省份的事实。黄河流经淮北地区七百余年，这段"废黄河"是黄河巨大环境塑造力和悠久历史文化的体现（于云洪，2014）。然而，目前与黄河国家文化公园相关的研究与讨论较少关注这段历史，仅仅关注今日黄河流经的地区，黄河故道的历史面临着被遗忘的危险。

黄河作为自然界留给中华民族的自然遗产，先人治黄历史为当代人创造了丰厚的人文遗产，黄河文化遗产作为以物证史的活化教材，每一处文化遗址都是民族的符号与象征（裴彦贵，2020）。黄河故道（江苏段）聚集大量物质和非物质文化遗产资源群，是中华民族活动集聚地（城镇或村庄）的带状遗产，整合了 600 多年的政治、经济、军事、文化和社会等交流轨迹，是展现江苏一带区域文化发展历程的活样本（朱尖等，2013）。黄河国家文化公园是中华文化形象展示、中华文化基因库、弘扬中华文化精神的核心载体之一，也肩负中国与世界各国对话、了解、认同、促进与融合的使命。建设黄河国家文化公园，一方面是延续千年文脉，另一方面是维系后世传承，通过全民共享的方式，为世界各国人民提供平等参观、体验的机会。依托多层次的讲解和教育内容，让不同年龄段、不同文化背景的体验者更深入、系统和全面地了解黄河文化遗产，最终提升对中华民族的认同感。

"一个文化系统内，各个层次的文化特质在功能上形成协调，这就实现了该文化系统的文化整合"，作为见证黄河改道历史的江苏段黄河故道，是黄河文化特质的重要组成部分，是实现黄河文化整合，体现黄河景观资源天然性、稀缺性的重要途径。黄河国家文化公园具有两大鲜明的特征：一是作为天然景观，具有自然资源的天然性和原始性；二是具有景观资源的稀缺性和独特性，并且具有典型性和不可替代性。因此，将黄河故道（江苏段）纳入黄河国家文化公园范畴统筹规划、协调开发，有利于完整展现黄河国家文化公园的文化内涵，丰富黄河文化的多样性，促进黄河文化系统的迅速发展，扩大黄河地理区域影响的时空范畴，提高其文化凝聚力，增强黄河文化的扩散力。

（二）遗产活化路径一：搭建黄河遗产体验廊道、植入度假景观元素，打造黄河文化体验带

以物质遗产为基础，打造黄河故道历史文化地标，串联起黄河故道遗产廊道。当前黄河故道沿线的遗址、遗迹被单点使用，文化内涵并未得到真正挖掘，黄河故道旅游品牌尚未形成，代表性的旅游形象尚未被市场接受。并且由于年代久远，黄河实体资源缺乏，遗存文化表现力不强，直接开发利用难度较大。因此，建议修整古道水利工程设施，整理沿线多个遗产节点，在时空叙事、地域特色方面进行包装演绎，并在保持黄河国家文化公园的色调体系、标识系统和核心基础设施等建设标准相对统一的前提下，打造本段历史遗存和文化特色形成个性鲜明的遗产表征、特色服务和产品服务，建立黄河遗产廊道的带状景观体系和地标系统，把具有民族文化特色、历史精神价值的遗产资源呈现给当代及后世子孙；借助高科技手段和创新的教育设计，用手段多样的展示手法和生动有趣的体验活动演绎黄河形象，让旅游者在参观与体验中感悟中华文明和中国精神。

以非物质文化遗产为载体，植入度假景观元素，打造黄河文化体验带，重现大河文化和民族精神。黄河故道全程近千千米，目前各县市均已进行不同程度的开发。然而，黄河故道沿线的城市遗存、乡村聚落以及水利设施等在遗产活化过程中受到关注较少。作为重要的非物质文化遗产，沿线文化遗

产能够充分体现中华儿女与自然力量抗争的无畏精神，是弘扬黄河文化的重要载体，不应被排除在外。此外，民俗文化、红色文化等历史人文资源保有量高，但呈散点分布，尚未形成体系，且各地区资源存在一定雷同。因此，未来黄河故道的资源活化可以打造踏浪淘沙的海滨主题、黄河牧歌的农耕田园以及载有民族之魂的故道记忆等多样化主题。在坚持保护好核心区历史遗存的前提下，植入度假景观元素和体系，让游客走进黄河、留在黄河，以社区旅游的方式体验由当地居民所提供的旅游住宿、餐饮、特产、演艺等相关服务，重现能够展现地方特色的大河文化和民族精神。

（三）遗产活化路径二：面向现代游客需求，打造"黄河IP"，解构黄河文化要素，重构黄河文化体验

打造"黄河IP"，让黄河文化走进日常生活。以黄河文化为基底，提取"母亲河""河神""河沙"等广为人知的文化特质，从食、住、行、游、购、娱六方面入手，将黄河IP融入日常休闲游憩生活。近几年，黄河故道流域各县市都推出了旅游开发计划，但纵览各地故道旅游开发，仍处在生态观光、节事采摘的初级阶段，尚未真正形成独一无二的文化品牌，能够体现黄河故道文化价值的旅游资源仍处于未开发状态，这为黄河故道形象重塑、抢占品牌先机提供可行机遇。因此，未来可以依托黄河故道体系，以走进人民日常生活为契机，把产品创新和品牌塑造与人民文旅消费内容和多元形式统一起来，打造符合现代需求的"黄河IP"，创造以文旅体验为核心的新符号系统，整合文化的传承性、知识性和娱乐性，让黄河文化真正走进日常生活，植入现代社会话语体系中。

黄河故道遗产活化的基础在于解构黄河文化，面向游客体验需求进行系统重构。首先，建议将黄河故道的物质和非物质遗产体系进行解构，分解为生态要素、工程要素、内涵要素三个层次：生态要素包括水、滩、沙等主要自然要素；工程要素包括闸门、沟渠、堤坝等黄河水利工程设施要素；内涵要素则包括与黄河相关的民俗、工艺和人物故事等。其次，根据现代游客体验需求，重构以黄河文化为基底的艺术、匠人、故事、情感、味道、音乐等主题，系统设计能够体现黄河文化的文旅产品，满足现代游客听觉、味觉、

触觉、视觉、嗅觉和身体感觉的全方位体验需求（见图 4-29）。

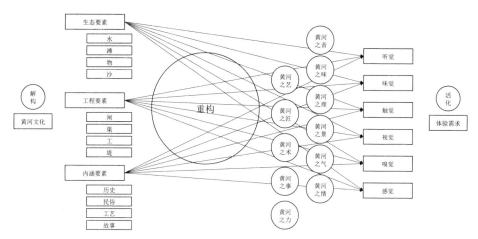

图 4-29　黄河文化的解构与重构概念框架

五、总结与展望

本节通过梳理黄河故道（江苏段）的历史记载和区域地理效应，阐明黄河故道的形成与演进过程，论证了黄河故道（江苏段）是为黄河文化的重要组成部分。此外，梳理黄河故道（江苏段）的物质与非物质文化遗产体系，表明黄河故道（江苏段）应作为黄河国家文化公园的重要组成部分，是黄河文化浓墨重彩的一笔，应当作为遗产活化的重要组成部分。

综上，现有黄河国家文化公园的建设不应只考虑当代黄河的空间范畴，还应将黄河下游迁徙所形成的故道系统纳入国家文化公园的建设中。未来黄河故道的遗产活化应从宏观战略和微观实践路径出发，不仅要将黄河故道（江苏段）纳入黄河国家文化公园体系，故道遗存区域更需要借助国家文化公园建设的契机，搭建黄河遗产体验廊道、植入度假景观元素，打造黄河文化体验带。进一步面向现代游客需求，打造"黄河 IP"，解构黄河文化要素，重构黄河文化体验，塑造大河文化和民族精神的文旅表征，才能真正实现故道遗产的完整活化。

第六节　从文博场馆到文化社区——以大明宫国家遗址公园考古探索中心运营为例

坐落在城市里的大遗址，不仅是弘扬优秀传统文化的重要物质载体，也是促进城市发展和软实力提升的独特资源。在文化遗产可持续发展理念的共识下，如何依托大遗址区内的文化遗产资源，搭建开放平台、提供文化服务、促进文化创新，已经成为当前文化遗产可持续发展研究的重大课题。以文化社区的创新模式实现大遗址区文化遗产资源的活化利用，发挥其多重价值功能，将过去、现在、未来真正联结起来。基于此，本节以大明宫考古探索中心改造提升及运营为例，秉承将文化场馆营造为文化社区的运营理念，并对遗产地文化社区的运营要点进行总结，构建一种从物到人、立足历史、面向未来的运营模式。

一、文化社区概念提出

（一）概念界定

"社区"在社会学中是一个很重要的概念。因学者们目前所研究的角度、目的、方向不同，"社区"暂时没有形成一个统一的定义。结合已有的研究，梳理"社区"概念可总结为以下三种含义：

第一，将"社区"视为一个地域性社会组织的有机共同体。由一定数量的居民组成，社区内存在内在互动关系并由共同文化维系地域性的活动（苏勤等，2004）。社区与文化不能割裂，文化是在一定空间范围内和时间纬度上产生的，社区是文化的土壤，社区结构的形成依赖于文化的制约，文化的传承和孕育又存在于社区的社会生活之中。

第二，将"社区"作为一种研究分析的方法。例如，费孝通在《社会学概论》中认为"社区"是研究社会学的趋势，是对社区进行研究，也称为社区分析法。

第三，将"社区"作为一种社会工作或者社会行为模式（颜亚玉等，2008）。例如，保继刚等（2006）认为社区是一种广阔的、变动着的社会发展手段。社区作为在现代社会细胞中一个最基本的单位，可以通过社区参与旅游以实现社区这一行为，促进社区的发展。在张柔然等（2020）在《基于文化社区模式的古村镇遗产保护——以大理喜洲古镇为例》一文中，探索以文化遗产保护为目标的"文化社区"模式，充分发挥政府及其他主体在社区管理中的积极作用。

本节所述的文博场馆，指的是面向公众开放的文化遗产空间，包括博物馆、纪念馆、考古遗址公园、文博景区等。随着社会发展水平的提升，文博场馆的工作领域已经逐步从文物扩展到文化遗产，并进一步探索如何在保护文化遗产的同时为社区居民服务。笔者认为可以依托文化遗产空间营造文化社区，通过"文化遗产""人""文化遗产与人之间的链接"三个层面的相互融合。基于文博场馆，依托遗产地的历史遗存与文化价值，在人与物、人与人之间形成新的链接，构建起新的社会生活场景。综上所述，本文所述的文化社区，是指依托文化遗产空间，植入不同内容业态及活动，构建共同文化维系力的社会群体以及空间载体。

（二）目的和意义

1. 构建文化社区的目的

遗产地构建的文化社区是过去和未来对话思辨的空间，具有民主、包容和多元的文化属性。从文化遗产资源的保护利用角度来看，营造遗产地文化社区的目的是以一种与社会经济的发展相适应的方式来实现文化传承。在以人为核心的理念之下，通过遗产地文化社区赋能人民群众美好生活，让文化遗产与当代社会及公众形成更紧密的情感链接，从而有效促进文化遗产地资源保护。从社会发展的角度来看，国内经历了高速发展阶段之后，增量建设已经告一段落，文化遗产空间作为一类重要的存量空间，具有文化地标性和历史传承性，用好用活这些存量空间，能够更好打造服务城市特色风貌、建设特色文化品牌、服务产业发展、提供更多就业机会和商业机会，从而增强区域文化凝聚力，提高文化自信心。

2. 文化社区的意义

通过营造文化社区，让遗产空间融入现代生活，成为文化遗产的载体和现代居民生活的场所，对于遗产的可持续发展有着重要的现实意义。文化遗产资源，是非常特殊的公共资源，建构遗产地文化社区，让遗产不再是"养在深闺无人知"的状态，而是尝试让其"飞入寻常百姓家"，将遗产地的保护和发展与人们的日常生活紧密联系起来。在"思接千载，视通万里"的历史回眸之中，形成独特的遗产地文化社区，大众在可感知、可触摸、可参与的日常生活之中，让这些遗产去"高冷"，变"亲民"，让遗产文化深度滋养现代生活，增强公众文化认同感和共同文化维系力，为文化的传承延续提供创造力，真正实现文化遗产在利用中保护，在保护中实现价值，兼顾文化遗产资源的保护与利用。

二、文化社区运营要点

在遗产地文化社区的营造过程中，需要同时考虑遗产地作为遗产空间和社会生活场所的双重角色，以及所服务的人群。一方面，作为遗产空间，由专业领域工作者主导参与到遗产地的保护、研究工作中，深入挖掘其内在价值以供展示、教育。另一方面，作为社会生活场所，为了让文化遗产展现出更强的生命力，将遗产地融入现代生活，在当代生活中找到新的功能和价值，以"文化人"为核心目标，兼顾社会价值和商业价值的同时，发挥其在文化传承和教育方面的作用。

如何在对文化遗产资源进行有效保护的前提下，更好地对其进行开发和利用，对已有的遗产文化价值进行不同形式的转化研究，是遗产地文化社区运营的重要课题。在实践过程中，遗产地文化社区运营可遵循以下四个要点。

（一）遗产地价值研究和核心文化价值的提取

在遗产地文化社区运营体系的构建过程中，首先要对所在遗产地的价值进行深入研究，并提炼核心文化价值。一个遗产地文化社区，基于其独特的文化价值内核，可以营造出独具特色的社区生活和文化氛围。文化价值是指文化遗产所传承的民族文化、地区文化和宗教文化的多样性价值、相关的非物质文化遗产价值；基于文化价值，社会价值是指文物古迹在知识的记录和传播、文化精神的传承、社会凝聚力的产生等方面所具有的社会效益和价值。《中国文物古迹保护准则》定义文化遗产的文化价值内容为承载了文化多样性、文化传统的延续及非物质文化遗产要素等相关内容，将社会价值内容定义为承载了记忆、情感、教育等的相关内容。通过深入挖掘遗产地文化价值和社会价值，并提取具有地方特色的核心价值，以充分展现遗产地文化社区的文化内涵与社会风貌。

遗产地文化社区的营造是为了让文化遗产在得到有效保护的同时，成为现代生活的场所和载体，更好地融入生活、回归社会、服务人民。因此，准确提炼并展示中华优秀传统文化的精神标识，能够更好体现文物的历史价值、文化价值、审美价值、科技价值、时代价值，这也是遗产地价值研究过程中需要关注的要点。基于详尽的信息收集和调查研究的基础上，从众多的文化价值内涵中提炼出遗产地最具有识别度和对于社会公众最具有启发性和教育性的核心文化价值，以此为出发点，营造遗产地文化社区。

（二）结合公众需求对核心文化价值进行转化研究

基于提炼出的核心文化价值，综合考虑遗产地文化社区的供给能力和需求侧受众，进行文化价值的转化研究。从供给端来看，受遗产地所处的自然地理、空间规模格局、人口经济、历史沿革、遗产保护要求等各方面的影响，每个遗产地的背景条件都是不同的，在遗产地文化价值的转化研究过程中，要根据客观现实条件进行合理规划和转化研究。从需求端来看，由于受众的社会属性、年龄阶段、职业、受教育程度等各方面因素的影响，不同受众对遗产地的需求和感知也存在差异。根据受众年龄差异，针对亲子、年轻人和老年人等不同群体展开需求研究，并生产多元内容和多样化产品；另外，充分考虑由于受众的职业性质、受教育程度和对遗产地了解深度的不同而产生的不同层次、不同文化深度的审美和受教育需求，进行分级分类研究。此外，区分本地居民和外地游客的受众需求，平衡居民生活需求与旅游者的体验需求。在此基础上，可以通过展出展览、互动活动、课程教育、研学游学、户外探索、演出演艺、休闲体验、文创、节庆赛事等多种形式，借助科技机构、艺术机构、商业机构、人文机构等多维力量，创新转化手段，赋能遗产活化。

（三）构建遗产地文化社区产品内容的筛选标准体系

随着可持续发展理念的渗透，遗产学界和一线工作者对待文化遗产的态度逐渐从按遗产"最初状态"保护向对遗产进行"适应性改变"再到遗产"多元化活化利用"的不断转变，遗产活化利用越来越受到重视。在具体的实践过程中，遗产保护和活化利用之间要明确具体导向，拿捏好"度"，否则遗产活化利用容易适得其反，不仅会造成过度利用、功能置换失当、对遗产本体造成二次破坏等问题，同时也难以实现遗产活化利用的初衷，甚至危及遗产未来发展的潜力和路径。因此，构建遗产地文化社区产品内容的筛选标准体系，在保证遗产地文化社区营造目标和价值观一致方面具有重要作用，能够最大限度实现遗产地活化利用的长期性和生命力。在运营遗产地文化社区过程中，可以从以下四个方面进行产品内容筛选：

（1）空间场景的适应性。对于遗产空间内各类活动和服务产品，首先需要评估的是该产品内容的引入是否能够与遗产空间的各项保护措施相适应。在保障维护和尊重遗产空间风貌完整性的基础上，选择与空间场景相匹配的产品要素。

（2）文化主题的关联性。针对遗产属性的空间运营，甄选的内容业态能否恰当反映遗产地文化主题是决定项目能否取得成功的重要因素。围绕提炼出的核心文化价值体系，选择合适的产品、业态、内容有助于核心文化价值的呈现和延续。

（3）目标客群的匹配性。文化遗产是人类共同的财富，既要"有教无类"，也要"因材施教"。不同受教育水平、专业背景、年龄层次的人对于文化遗产的感知能力是不一样的，因此，考虑不同受众的需求特点、行为偏好等，提供创新、特色服务，实现遗产的灵活活化，将遗产地与社区生活、旅游体验更好融合，满足不同受众需求。

（4）产品内容的可持续性。不管是运营主体研发的内容产品还是引入外部的内容产品，都需要根据产品的价值功能来评估其是否具有可持续性和成长性。通常而言，好的产品内容往往也具有较高的商业价值、成熟的商业模式，并且具有商业自生长能力的项目也能够为遗产地注入更多活力，为文化社区运营带来长期的经济效益。

（四）搭建开放平台，吸引多方力量

文化社区的营造需要协调多方机构和人员，在遗产地文化社区的营造过程中要动用一切可以使用的资源，通过与各类组织机构的合作，围绕同一个文化主题展开多样化活动。在活动中通过多方协调，相互连结，共同夯实人才基础，实现社群沉淀，让遗产地社区文化呈现出"可生长型"的活力态势。通常而言，这个开放平台的构成主体包括基层政府、企事业单位、科研机构、专业组织、社区居民、外来游客、媒体等多元主体。对各方来说，一方面可以在遗产地文化社区营造过程中贡献自己的力量，增强社区活力和影响力；另一方面，各方能够通过持续的遗产地文化社区营造获得有利的正向反馈。在遗产地文化社区营造的过程中，要有意识地拓展和创造开放平台，通过交流对话进行核心理念传递，利用多渠道将文化价值和相关故事传播出去，影响目标受众的同时，让更多契合的机构、组织和群体关注遗产地，提升影响力。

三、大明宫考古探索中心概况

大遗址作为建构遗产地文化社区的重要组成部分，蕴含深厚的文化、历史、社会价值。通过对遗产文化的深度挖掘，结合公众对文化休闲体验的需求，将核心文化向遗产旅游的现实价值和精神价值转化，创新城市文旅融合发展模式。由此，本文依托大明宫国家遗址公园考古探索中心升级改造运营一体化项目，对遗产地文化社区营造进行实践和探索。

大明宫考古探索中心位于陕西省西安市大明宫国家遗址公园御道广场西侧，总占地面积约 4.23 公顷，是一座以考古科普为主题的综合性文化场馆，同时也是全国中小学生研学实践教育基地、西安市青少年教育基地，是

传播大明宫遗址文化价值、提高公众遗址保护意识的重要场所。大明宫考古探索中心升级前，由于各方原因，存在使用效率低、运营维护成本高等问题。2018 年，大明宫国家遗址公园对考古探索中心进行整体运营提升规划。

大明宫考古探索中心的提升改造围绕"唐文化国际研学旅游目的地"的全新定位，确定以"考古大明宫""重构大明宫""融入大明宫"为脉络，策划三大系列主题产品并进行空间改造，辐射客群年轻化、多样化，充分发挥大明宫考古研学价值，推动大明宫国家遗址公园从大遗址保护示范项目到大遗址活化利用示范项目、考古遗址公园建设典范到遗址公园文化旅游运营典范的转变。经过两年多的提升改造，全新升级后的大明宫考古探索中心设立了专门的研学教育机构"大明宫书院"，并于 2021 年 6 月正式开启试运营（见图 4-30）。

图 4-30 大明宫书院入口大厅
（图源：北京大地风景文化遗产保护发展有限公司）

改造后的大明宫考古探索中心统筹规划了考古探索中心展厅、文化研学中心、模拟考古中心、工坊文创、休闲绿地五大多功能主题空间，植入陶艺工坊、书吧、水吧、主题游乐、户外拓展等多重业态空间，为本地市民和到访游客提供研学教育、休闲社交场所，构建集展览、研学、活动、休闲商业、社交情景于一体的遗产地文化休闲综合体。

（一）考古探索中心——考古科普展览空间

考古探索中心展厅是整个区域的核心空间，由考古过程展示和互动体验构成展厅主要活动内容。以"大明宫里看大唐"为主题，整个展览分为"致敬考古人""铲释地书——考古大明宫""宫阙万千——复原大明宫""梦回大唐——想象大明宫""寄语大明宫"五个部分，以"动静结合"的展项设计手法，以故事性、趣味性、互动性展示相结合的展示方式，寓教于乐，通过立体书式的图文展板、场景复原、多媒体互动展项等手段，将考古知识转化为立体场景，提高展厅的参与性、体验性、趣味性与探索性。通过场景打造展示考古和研究过程，帮助遗址公园的参观者们了解遗址考古研究和遗址保护工作，理解遗址遗产与历史发展的联系，帮助旅游者构建起自己心中的大明宫，为观众打造一段考古探索的奇妙旅程（见图4-31）。

图4-31　大明宫书院考古探索中心展厅

（图源：北京大地风景文化遗产保护发展有限公司）

（二）文化研学中心——研学主题多功能空间

文化研学中心是以室内研学教育为主的公共文化空间，为公众提供国际性教育和文化交流场所，设有多功能空间、研学空间、休闲书吧三个区域，可同时容纳480人参与室内研学活动。文化研学中心充分发挥文化遗产教育功能，满足常规教学、手工体验、文化体验、室内活动、临展等多元需求，并结合其他场地资源，共同打造形式多元的研学课程，丰富文化传播形式，满足多样化的文化消费需求（见图4-32）。

图 4-32　大明宫书院研学活动

（图源：北京大地风景文化遗产保护发展有限公司）

（三）模拟考古中心——沉浸式考古体验空间

模拟考古中心是沉浸式实景模拟考古体验空间，也是国内首创的场景式模拟考古空间。模拟考古中心包括探沟区、右藏房、中轴线宫殿遗址群、窖藏区、金吾丈院区 5 个主题模拟探方及 1 间文物修复教室，可实景模拟体验田野考古及文物修复，引导观众通过模拟考古发掘以及模拟修复，增进对大明宫历史文化的了解，同时培养动手能力、分析判断能力、团队合作能力、空间想象力等综合能力（见图 4-33）。

图 4-33　大明宫书院模拟考古体验

（图源：北京大地风景文化遗产保护发展有限公司）

（四）其他文化休闲空间

聚焦周边社区及遗址公园散客的文化休闲需求，大明宫书院在改造升级过程中预留了开展主题游乐、国潮体验、文化市集的多功能互动娱乐区。工坊文创空间是分布在大明宫考古探索中心内的多功能商业空间，包括休闲陶吧、文化市集等业态，配套咖啡、唐文化主题茶饮，室外配备超大扩展空间，满足市民休闲、团队娱乐活动需求。文化市集是展示文化多样性、创意性的开放平台，聚集多样客群与多种可能，是大明宫发展夜经济的重要空间。

图 4-34　大明宫书院庭院

（图源：北京大地风景文化遗产保护发展有限公司）

四、遗产地文化社区理念下的运营实践

根据遗产地文化社区的发展理念，以本地居民为主要服务对象，通过内容和业态的运营，让大明宫考古探索中心成为西安人了解考古，通过考古更好了解这座城市，从而增强城市文化凝聚力的一个全新空间场所。通过运营打造独特的城市文化氛围，让外来旅游者在古迹参观、游览、体验过程中感受西安市井生活气息，将西安打造成一个居游共享型的城市探访目的地，主要可以从以下三个方面展开运营实践。

（一）教育为本：打造文化研学产品

作为全国中小学生研学实践教育基地社教机构平台，开展面向公众的教育活动是大明宫考古探索中心的首要功能。通过评估大明宫遗址相关的唐代文化关键词，从文化典型性、影响力及可操作性角度出发，结合"后过程考古学"和"沉浸式体验"设计理念，选择具有典型代表并适合研学操作的内容要素，打造代表公众考古未来方向的文化研学课程体系，系统化组织落地"考古达人""文物修复师""大唐工匠""未来遣唐使"四大主题研学课程。其中，"考古达人""文物修复师"以考古职业体验为主题，开展模拟考古挖掘、文物修复相关公众课程，带领学生"考古大明宫"；"大唐工匠"主要开展唐代宫殿规划建筑形制、唐代工艺、技术相关课程，带领学生"重构大明宫"；"未来遣唐使"则根据唐代丰富多彩的文化，包括唐诗、茶道、体育运动、科举制度等，开展文化体验课程，带领学生"融入大明宫"。

丰富生动的研学课程，在满足目标客群需求的同时，也能够获得行业认可。2021 年 10 月，大明宫书院考古研学项目成功入选"2021 年全国文化遗产旅游百强案例"。在模拟场景中，融合考古、建筑、艺术等多学科内容，以体验式教学方式开展各类研学课程，提高研学课程的趣味性和参与感。学生在了解大明宫考古遗址的重要价值与内涵的基础上，学习到更多关于唐代社会、文化、科技、艺术等历史信息，在培养学生文化自信心与自豪感的同时，进一步激发其对现代生活的启发性思考。

（二）突破局限：大考古、泛艺术、新乡土，扩展文化内涵

大明宫考古探索中心立足考古但不局限于考古，从"大考古""泛艺术""新乡土"三个维度出发，以"长安一课""唐潮生活节"等主题活动形式，系统开展文化体验活动和城市探访活动。"长安一课"活动以兼具学术性和科普性的讲座形式，从考古学、地理学、社会学、人类学、历史学等角度，引导公众以古见今，了解西安这座城市的历史人文、社会生活等各个方面。"唐潮生活节"作为结合现代文旅消费趋势重点孵化的文化品牌活动，以唐朝文化元素与当代生活方式相结合为特色，通过唐味、唐礼、唐乐、唐俗、唐

艺等形式丰富的唐朝文化活动展现形式，让公众多维度、多层次地感受原汁原味的"唐潮"记忆，饱览大唐气度，再忆长安情怀。此外，未来计划引入如唐诗读书会、唐乐演奏会等各类文化潮玩活动。

在未来长期运营中，大明宫考古探索中心仍将坚持以考古为联结点，聚焦"大考古、泛艺术、新乡土"，深度梳理国潮文化、大唐文化、西安在地文化基因，持续探索以考古为源、遗产为境、文化为本、休闲为趣的跨界整合运营思路，汇聚联结更多文化专业领域资源，让公众在此不仅能真实理解与感受到千年前的华夏历史文脉，更能通过"遗产地+"的多元文化体验，实现一站式认识一座城、读懂一座城、爱上一座城。

（三）搭建平台：联动多方资源共建、共享、共生

为进一步有效提升文化资源的创新应用，结合互联网平台的运营理念，整合多方资源，吸纳多方社会力量参与到大明宫遗址地文化社区的营造过程，融合更多的资源到场地内容的创作和产出中，不断为遗产地社区文化创造溢价能力，形成遗产地社区文化的有机生长路径。以此为目标，大明宫书院推出以下四大行动计划（见图 4-35，图 4-36）。

图 4-35　大明宫书院公益讲座"长安一课"活动
（图源：北京大地风景文化遗产保护发展有限公司）

1. "小小考古家"青少年公益计划

"小小考古家"青少年公益计划是大明宫国家遗址公园积极响应国家加强中华文明的研究阐发、教育普及和传承弘扬的战略要求，为中小学生打造历史文化的"第二课堂"，旨在通过沉浸式体验教学方式，发掘中学生在考古学、文物保护方面的潜在能力和兴趣，以考古体验为切入点，开展面向少年儿童的素质教育和传统文化教育。

2. "大明宫里看大唐"院馆合作计划

"大明宫里看大唐"院馆合作计划是依托大明宫遗址考古的现有成果、与大明宫关联的考古遗址、出土文物、古籍史料等相关文献资料，与大明宫历史文化相关的文博单位、文化机构等进行联动，共同发掘、弘扬、传播大明宫历史文化，提高公众对大明宫国家考古遗址公园文化、艺术、建筑、社会、历史价值的认知水平。

3. "长安新青年"高校伙伴计划

"长安新青年"高校伙伴计划旨在聚焦文化遗产保护利用，联动国内外各大高校发展开放的跨学科交流平台，培育更多助力大明宫遗址保护、城市更新、传统文化保护的社会力量，共同推动遗产保护、文化传承和社区公共文化水平的提高。

图 4-36　大明宫书院青少年考古研学活动

（图源：北京大地风景文化遗产保护发展有限公司）

4. 大明宫遗址文化生长计划

"大明宫遗址文化生长计划"是联合各类兴趣社团、内容创作与分发平台，围绕大明宫遗址考古发掘研究成果、出土文物及历史文化等，发起文学、艺术设计、展览、戏剧、音乐、动漫等内容创作活动，将大明宫考古研究成果转化为大众可感知的文化休闲体验要素。

五、总结与展望

从文化场馆到文化社区的运营发展，在特定空间场所内加强了人和物、人与人之间的关联程度，重点在于妥善处理人、遗产空间和内容产品的相互关系，形成一个有机的遗产地文化社区。其中，人和物之间的关系、人和人之间的关系，是在互动、关联、情感、活动的相互碰撞中产生连接并加强联系的。作为有机生长的生态圈，遗产地文化社区的运营，需要协调不同专业团队，聚焦客群目标，增进业态内容之间的互相协同作用，实现产业内容之间的闭环运营。同时，运营过程也要避免过度商业化。在适度商业化的基础上，围绕遗产地构建一个综合价值产出体系，即运用商业运营思维，为空间业态和活动内容提供一种文化增值，实现遗产地文化社区的创新规划。

第五章

保护型旅游目的地：发展转型与内容植入

在旅游目的地经济体系建设中，保护型旅游目的地面临各种困扰，其凭借优质的旅游资源，已经取得一定的成绩，但现在正处于国内经济的转型期，如何实现二次腾飞，如何进行产业转型，如何进行内容植入，这才是未来发展的关键。

在旅游目的地进行发展转型和内容植入的过程中，可以从生态服务、度假导向、文化外显、未来乡村和遗产廊道等方面进行。生态服务是指生态价值转换，开展绿色低碳旅游，如中国气候度假地等。度假导向是指利用良好的资源优势，开展品质度假、精品民宿和全域场景度假地等。文化外显是指深挖文化内涵，开展古文化新活化、文创产品开发、文化休闲等。未来乡村将以产业为主导，一、二、三产融合发展，通过绅士演变、两栖生活等发展之后，乡村将不再是农民的乡村，而是农民、市民、游客共享的乡村。遗产廊道将以交通驱动为动力，进行要素融合，动态文化开发，如把停车场建成景区，不管是景观还是功能上，都不仅限于停车，更是旅游目的地的品牌窗口，建设最美国家山地风景道。

第一节 游居共享，建设保护型旅游目的地

一、城乡社会交换与乡村居住旅游

通过完善产权制度和要素市场化配置的改革，着力破除现存户籍、土地、资本、公共服务等体制机制弊端，真正实现城乡要素自由流动、平等交换和公共资源合理配置，即重塑自由平等的新型城乡关系，推动资本、土地、劳动力等乡村传统要素由"城市偏向"的单向流动向双向自由流动转变，打造城乡一体化融合发展的新格局。

新空间生产理论认为乡村除了生产粮食还生产乡愁和假期。首先，结合村落特性和村民意愿，制定以乡土场所保护为导向的发展框架和制约措施，将乡土性的存续置于优先、核心地位，确定限制开发、禁止开发的乡土要素

及其依托空间。这些乡土要素空间是涵养、滋育传统村落的关键基因，并在制约措施所构建的相对严格空间流通界限下得到有效保护。

随着城乡互动关系的变化，城市居民需要乡村住宅，催生了城里人对乡村第二住宅的需求，催生了居住旅游（见图 5-1）。居住旅游（Residential Tourism）以休闲、游憩为目的的生活方式迁移被认为是度假旅游发展到一定阶段的产物。其特点包括以下几方面：

1. 居住旅游者旅游度假的动机是相似的；

2. 居住旅游者的收入来自非居住旅游目的地；

3. 尽管部分度假旅游者也拥有自己的私人住宅，但居住旅游者停留时间一般长于度假旅游者；

4. 居住旅游者在旅游目的地一般居住于自有产权的住宅或租赁住宅中。

图 5-1　乡村休闲旅游

（图源：摄图网）

城市郊区第二住宅（Second Home）成为居住旅游的载体。第二住宅并非现代独有的住宅形态，古今中外社会高度繁荣时均出现"别业""别墅"，如王维的辋川别业、文艺复兴时期著名的园厅别墅。第二住宅不是第二套住房，而是相对于常住住宅（第一住宅）而言，位于环城游憩带或旅游风景区，用于游憩休闲目的的非常住住宅。在居住旅游的发展过程中，响应多项政策需求，从制度上和学理上构建旅游用地（特别是度假旅游用地）在国土空间规划体系中的地位并实施技术指南，将乡村旅游休闲产业纳入现代农业，将乡村旅游用地纳入国土空间规划体系。

二、创新乡村度假旅游用地制度

设立产权直属于村集体的国家乡村旅游度假区。融入乡村振兴战略，促进农村产业转型升级。重视农民就地城镇化，利用乡村旅游作为旅游产业的延伸，实现乡村振兴。

优化乡村休闲旅游业并打造乡村休闲旅游精品工程。全力推动农业产业模式的创新发展，推进农业产业向多元化布局、规模化发展、中高端迈进，着力做好农业产业融合发展。

创新乡村度假旅游用地制度。纳入国家乡村旅游度假区的部分农田属于非农业生产用地，而农村土地用途管理制度存在局限性，当前土地政策已经无法满足产业融合的发展需要。通过创新乡村度假旅游用地制度，改变当前农村土地用途管理现状。

加强政策供给，放活宅基地和农房使用权。落实所有权，强化村集体宅基地分配权、处置权和收益权，突出农民主体地位，最大化提升宅基地集体所有权功能性收益水平。保障资格权，多形式固化成员资格，赋予宅基地资格权财产权利属性，以最优化土地规模控制和规划管控推进美丽乡村建设和城乡融合发展。放活使用权，彰显住房保障和财产权利双重属性，以充分发挥市场和政府作用，实现空间布局和资源配置优化，允许宅基地使用权转让。

三、旅游导向型遗产活化：传统村落文化遗产活化为乡愁体验

后现代社会演进速度加快，城镇化率高涨，乡村人口缺失，乡村文化遗产保护面临重重危机。城市化大潮夹杂着社群思维和复杂思维全面介入社会演进过程，现代化与工业化伴随着强大的同化力量，正在不断侵蚀、异质景观。

传统的保护理念重形轻意、重护轻用、重公轻商，保护目标能否实现，与所有制、使用方式毫无关系，旅游导向型遗产活化，要理解物质背后所代

表的文化内涵、机制与智慧；让来源于生活的文物，回归到生活中去；满足和协调公共利益需求，寻找符合文化商业运营规律；更新产权所有制法律与制度，把宏伟目标与有效路径结合起来。总之，旅游活化就是在保护的基础上实现文化传承，是实现乡村振兴、发展乡村旅游的核心策略，让传统村落不仅仅是物质性的存在，更是文化、精神传承的象征，也是人们体验乡愁的场所（吕晶等，2012）。如塞罕坝机械林场坚持依托百万亩森林资源，大力打造七星湖湿地公园、塞罕塔等景区，带动周边乡镇和百姓发展生态旅游，每年实现社会总收入 6 亿多元，带动 1200 余贫困户、1 万余贫困人口脱贫致富（见图 5-2）。湖南省花垣县双龙镇十八洞村围绕发展乡村旅游主线，着力打造"旅游+"产业体系，成立农旅农民专业合作社、旅游开发公司，打包开发全村旅游资源、管理旅游产业，带动全村发展农家乐、民宿 20 多家，年均每家收入达 30 万元（胡最等，2013）。

图 5-2　塞罕坝林场

（图源：摄图网）

四、旅游乡建与后乡土生活营造

美好生活新时代，乡村旅游发展新动力。坚持以人为本，让各方都能有获得感、幸福感、安全感，创建异地美好生活方式。

乡村度假、居住旅游是一种融入于乡村之美的诗意栖居生活。发现并珍视乡村田园之美、文化之美、人情之美，乡村度假、居住旅游符合乡村美学观念的理想场域，并融合乡土之美与都市人"归田园居"的情怀，修复冷漠淡薄的人际关系，营造乡村中属实的诗意栖居空间。

乡村度假、居住旅游是一种创意与设计再造的时尚乡土生活。以原创设计，改造乡村生活空间，创新乡土环境艺术，并导入精致有品的沙龙、市集等文化活动，集合艺术家、文化人、设计师、创客等先锋群体，构建新乡村精英社交圈，打造时尚、文艺的新乡土生活方式。

乡村度假、居住旅游是一种与乡村共进共享的温情生活。倡导有社会责任感的生活态度，帮助乡民，改造乡村，推动在地文化、在地生态与在地产业的复兴，并通过"乡村共同体"的组建，逐步建立起城市与乡村之间的良性互动关系。

（一）传统农业观光和休闲体验的转型升级

旅居式生活，规划丰富的旅游式生活，提供给来访客在一个星期、一个月等不同时间段内的所有生活内容；菜单式娱乐，提供菜单式的娱乐活动，为游客提供多样化的活动菜单和娱乐方式；多元化产品，引导多元化的产品体系，打造公共、半公共和私人产品共存的产品体系。通过乡村度假产品的转型升级，为游客创造居游共享的生活体验方式（见图 5-3）。

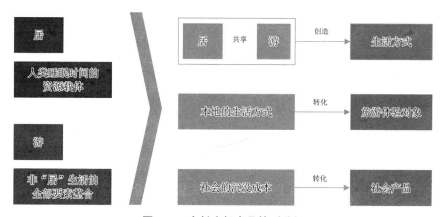

图 5-3 乡村度假产品转型升级

（二）乡村旅游发展的四种模式

1. 规范化的景区服务模式

对于靠近成熟旅游景区（点）或其他大型旅游项目、基础条件良好、具备开展乡村旅游接待等条件的村落，可以与成熟景区相配套，建设组织化、规范化的旅游食宿接待区，主要面向景区到访游客，提供价格适中、规范化、差异化的旅游食宿接待服务。

与个体经营的散乱农家乐不同，实行乡村旅游接待户统一管理、统一服务标准、统一分配客源、统一价格、统一结算，并且在经营过程中注重与周边景区（点）的捆绑营销。旅游接待户经过统一改造、装修，实现规范化经营，配套适宜团队接待的餐厅、会议室、文体活动设施等，丰富业态。

密云司马台新村就是北京"一个民俗村就是一个乡村酒店"理念的实践典范。依托司马台长城—古北水镇旅游区，为到访旅游区的游客提供价格实惠的食宿接待服务。新村设计建设之初，基于旅游接待功能的考虑，民居户型统一规划、统一设计、统一建设。成立旅游合作社，实行统一管理、统一培训、统一定价、统一门头牌匾、统一配送洗涤床上用品，合作社下设民俗旅游接待中心，负责村落内的客源分配和统一结算。目前，司马台新村共有 215 个民俗户通过县镇村联合验收，可提供房间 645 间，床位 933 张（见图 5-4）。

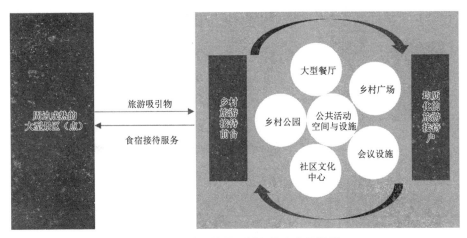

图 5-4　规范化的景区服务模式发展模型

2. 休闲化的郊野游憩模式

对于地处城市近郊、交通便利、有一定规模的城郊休闲市场支撑、生态环境良好，拥有河流、湿地、果林、山地等丰富的郊野休闲资源、具备一定的场地条件、便于引入休闲游乐设施或项目的村落，可以开展休闲化的郊野游憩模式。依托乡野环境，打造轻松有趣的郊野游憩活动集聚区，面向周边城市群体，通过创意开发，在区域内打造多种休闲游憩空间，构筑丰富多彩的郊野休闲游憩产品，注重持续性乡村活动和节庆策划，创造乡村持续旅游吸引力，将开放性公共活动空间与经营性盈利项目相结合。典型业态包括乡村露营地、垂钓区、湿地公园、户外运动区、小型休闲农园、乡村骑行绿道等。

安吉尚书圩村由"建设乡村"向"经营乡村"的思路转变，利用创意休闲引领美丽乡村建设。书圩村首创林地股份制流转机制，并通过吸引投资和自筹资金两种方式，先后建设了尚书文化园、尚书开心农场、向尚花田等休闲体验项目。策划举办金榜节、葵花节、欢乐农家过大年、乡村南瓜创意PK赛等一系列乡村趣味节庆活动，形成乡村的持续吸引力。目前，尚书圩村被评为国家级景区，每年的游客量在10万人次左右（见图5-5）。

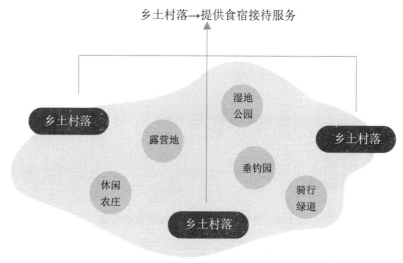

图 5-5 休闲化的郊野游憩模式发展模型

3. 度假化的文化乡居模式

对于历史厚重、文化独特的传统村落，以古村落最为典型，村内保留一定数量的闲置传统民居群落，适合展开度假化改造。利用活态的乡土文化博物馆、传统与时尚融合的精致文化度假聚落，将遗产保护、文化传承与乡村旅游相结合，面向文化层次较高的艺术家、小资文艺青年、文化学者等，提供有品质的乡村文化度假产品，重点对村落内保留较好的传统民居院落进行设计改造，形成独具特色的乡村度假空间。引入文化集市、博物馆、民俗餐厅等，强调时尚与传统碰撞、结合，典型业态包括文化民宿、精品度假酒店、乡村博物馆、非遗工坊、艺术家工作室以及富有格调的乡村酒吧、咖啡馆等时尚业态等。

安徽黟县南屏村通过度假乡居建设，将其打造为体验徽州古村民宿生活的场所。南屏村始建于元、明年间，较好保存着 8 幢古祠堂，36 眼水井，72 条古巷，300 多幢明清古民居院落。通过民居院落出租，吸引外来经营者入住，建设众多各具特色的古村民宿，如南薰绣楼、冰凌阁、鹏介园、诒燕堂喜舍等，相比于西递宏村景区化的发展模式，南屏村更偏重摄影艺术、文化度假方向发展（见图 5-6）。

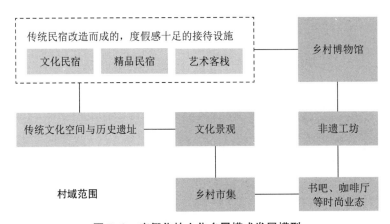

图 5-6　度假化的文化乡居模式发展模型

4. 产业化的农业公园模式

在一些农业基础条件较好，并拥有一定的农业技术人才、农业产业资本支撑的乡村，依托具有区域代表性的农业资源与农业文化，适宜发展规模化、科技化的现代农业。打造田园即公园、农旅合一的现代农业发展与田园休闲综合体，既保护和展示传统农耕文化，又推动现代农业产业发展，强调农业与旅游的深度融合，设计产业—旅游双重维度的收益模式，构建农旅共兴的产业链，带动规划区域范围内乡村旅游的发展。典型业态包括农业科技展示区、农业生产示范区、农产品加工、物流区、田园休闲度假区、创意农产品市集、田园休闲度假区、农耕民俗聚落等（见图5-7）。

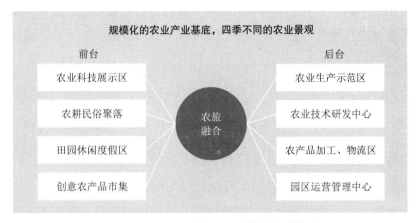

图 5-7　产业化的农业公园模式发展模型

临沂市兰陵国家农业公园，总面积62万亩，其中核心区2万亩，示范区10万亩，辐射区50万亩。通过布局包括农耕文化，科技成果展示区，现代农业示范区，花卉苗木展示区，现代种苗培育推广区，农耕采摘体验，水产养殖示范区，微滴灌溉示范区，民风民俗体验区，休闲养生度假区，商贸服务区十个功能区，打造国家4A级旅游景区、全国五星级休闲农业与乡村旅游企业（园区）。

总之，利用"旅游+""生态+""乡村+"等模式，推进农业、林业与旅游、教育、文化、康养等产业深度融合，允许通过村庄整治、宅基地整理等节约的建设用地方式，采取入股、联营等形式，开发1+3产业结构、自然农业与慢食品、家庭农场（牧场）、乡村Mall（农品集市）与乡村电商、乡村度假综合体等，实现乡村产业重构。

第二节　数字文旅，赋能保护地拥抱市场

21世纪以来，数字经济在大数据、云计算、移动互联网、人工智能等新一代数字技术的推动下成为宏观经济发展的新引擎。国家"十四五"规划中，首次将"数字中国"单列成篇，并明确列出七大数字经济重点产业以及十大数字化应用场景，数字经济赋能实体经济提质增效，成为经济增长的新动能。

一、数字化文旅

在数字化发展的背景下，数字化转型对于文旅企业的生存发展至关重要，如迪士尼《飞越地平线》《加勒比海盗》、环球影城《哈利·波特》《变形金刚》等特种影院，把数字技术应用于主题乐园、旅游景区，打造身临其境的场景化游览体验，通过数字技术非常巧妙地结合到旅游体验中，给游客带来短时间比较集中的、浓厚的、多感官的刺激。数字经济无疑为企业的数字化转型和高质量发展带来新机遇，数字经济背景下企业的数字化转型势在必行。

数字技术已成为产业创新的重要引擎，人工智能、大数据等现代信息技术与文旅产业的融合发展，推动文化旅游产业向数字化转型。数字文旅基于VR、AR、AI等新一代技术的结合，发展沉浸式体验，打造虚拟现实景区、虚拟现实娱乐、虚拟现实博物馆等新文旅时空转换场景，创造新消费方式。

目前沉浸体验地主要集中在北京和上海，也在成都、西安、重庆、杭州、广州、深圳、沈阳、长沙、南京等城市（见图5-8）迅速发展。上海沉浸产业占比24%，说明沉浸式体验产业，比较依赖大都市年轻时尚的消费市场，具有大都市导向型的基本特征。

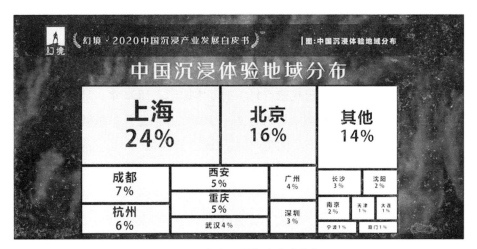

图 5-8 中国沉浸体验地域分布

（图片及数据来源：幻境·2020 中国沉浸产业发展白皮书）

在保护型旅游目的地的产品开发中，科技＋文化、科技＋艺术、科技＋场景等多种手段得到广泛应用，同时引入剧本杀，为游客塑造沉浸式体验。通过遗产活化与剧本创意的融合，用剧情线索将传统文化要素串联起来，带领观众融入故事，多支线故事可以提升复购率。例如，《不眠之夜》是上海文广演艺集团 2016 年引进的一出沉浸式戏剧，上演 5 年以来，《不眠之夜》上海版平均上座率超过 96%，平均复购率超过 30%。

二、恋地主义原真性与地方感

在技术的支持下游客可以通过数字艺术实现云游博物馆、景区、度假区、历史街区等。但是，游客难以在缺少现场体验的旅游活动中获得满足感，多数缺少现场体验的景观、文化活动好比"不到长城非好汉"一样，无法满足人类基本需求。因此，保护型旅游目的地的数字化文旅产品首先要尊重场地的原真性和地方感，才能满足游客恋地主义情结的需求。

1. 原真性

原真性（Authenticity）作为地理学和文物保护界的常用概念，词源学上来自希腊和拉丁语中的"权威的"（authoritative）和"起源的"（original）

（Cohen，1988；张朝枝，2008）。1965 年，原真性最早出现在国际古迹和遗址理事会（ICOMOS）颁布的《威尼斯宪章》："hand them on in the full richness of their authenticity"；1973 年，由 Maccannell 在游客动机和体验研究中引入其概念，现已成为现代遗产科学的基本原则；1994 年，日本古都奈良并行"关二原真性的奈良会议"通过的《奈良原真性文件》拓展了原真性的范畴，指出"要多方位评价文化遗产的原真性"；2002 年，《中国文物古迹保护准则》发布，2014 年完成现行版本的修订；2004 年，在中国苏州召开的第 28 届世界遗产大会颁布了《实施世界遗产公约操作指南》，在吸收《奈良原真性文件》精神的基础上，提出了完整性（integrity）的概念；2007 年，"东亚地区文物建筑保护理念与实践国际研讨会"发布《北京文件》，针对东亚地区历史建筑的特点，提出具有针对性的保护原则和要求，就一些具体做法作出明确规定，在充分尊重文物古迹保护所必须遵循共同原则的基础上，又充分考虑到在东亚地区独特的历史和文化背景下古代建筑的鲜明特色。

原真性是人类对某些特殊场景、特殊轨迹、特殊地点、特殊时空、特殊景观及足迹的追求。为了更好表达原真性，有学者提出原真性可以分为：客观主义原真性（Objectivism Authenticity）、建构主义原真性（Constructivism Authenticity）和述行主义原真性（Narratism Authenticity），这也是前文"历史场景的呈现方式"的理论支撑。

客观主义原真性，一种原址信息完整保存的静态保护模式，如明长城。客观主义原真性体现在对传统文物价值的偏执性追求，强调原真性是文化客体的固有属性，用绝对的标准来衡量原真价值。传统文物制度反映了古建筑学家、考古学家对客观主义原真性的偏执性追求（Boorstin，1987；Maccannell，1973）。

建构主义原真性，是访客信念、偏好、固有印象以及客体认知的一种投射，是期望的反映（Bruner，1994）。访客的景观体验和文化客体的原真性是相互建构的（Cohen，1988）。历史上的原址重建，允许而且充满了主持重建工作者的建构行为（Wang，1999）。以汉朝皇宫为例，缺少具体的考古文物证明原有建筑的形态、外观。因此，建构主义原真性重点在于再现，不在于重建。

述行主义原真性，是一种符号化的舞台化表现，一种抒情主义的表达或是视觉冲击，即一种展陈活化与舞台活化，如在展台方面塑造文创观光新样板，舞台方面打造动静虚实交融的新舞台，塑造人文艺术新讲台，创造体验经济新纪元的新柜台。

2. 地方感

地方感属于地理学范畴概念，不过分关注文物载体或建筑实体，更加强调历史事件发生的时间和地点。目前人类科学的进步尚且难以清晰地解释和表达"地方感"，虽然地理信息科学上可以用经纬度、海拔、高度、湿度等进行表达，但是其第六感直觉或场所感难以用数据进行描述。

段义孚（1974）在《Topophilia》中对人类环境感知层次进行区分，提出环境（地方）对人类意义生产的作用——环境为视觉、听觉、触觉、嗅觉等感官提供刺激，这种刺激的潜力是无限的，它可能影响我们的个性、目标甚至文化，然后在某个特定时期作用于价值观和情感（Tuan，1990）。对地点钟爱，"爱"最终变成"病"，就是对某种事物的严重依赖，这是非常普遍的人类现象，所有的人类或者大部分人类流动，从本能感知向产生态度、生成价值、生成情感层层递进，对地点认知到达情感阶段（见图5-9），就叫作地方依恋或者恋地情结。

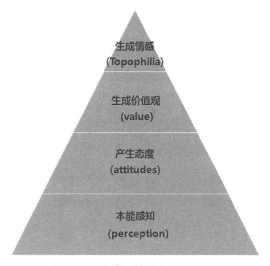

图 5-9 人类环境感知层次划分

恋地主义原真性是对"地点意义"的追求。针对"有意义的地点"，从人文地理学角度看，是一种有地方感的地点；从环境心理学角度看，它会让人产生地方依恋；从建筑现象学角度看，它具有场所精神；从中国古代建筑学角度看，有意义的地点是风水好及文脉所在地。

只有原址性地方感，才有真正的地方记忆文化传承。地方记忆具有突出的时空属性，哈布瓦赫（1984）强调地方是重要助记符，对唤起特定的历史场景或历史事件片段具有重要作用。戴维·哈维（2003）认为地方是城市记忆的纽带，因此要延续城市历史，保护城市特色，塑造城市场所精神与文化，加强城市居民认同感和凝聚力。

当今世界地方的多样性逐渐被标准化、同质化的景观形态所替代（Relph，1976），引起无地方性危机。前工业化社会强调"地方"特性的做法被现代化社会强调"效率"的做法所替代，而后现代主义思潮认识到这一点，希望重新拾回"地方性"特征，以恢复多样性（肖立军等，2013）。虽然全球化背景下，"地方"正在"消失"，但其实"地方性"的思想却在社会认同中不断被"刻板印象"强化（Harvey，1989）。全球地方感（Global Sense of Place）理论认为"地方"是相对于"外面"而存在的概念，当代的"地方是开放的、流动的、多样性的、与外界有紧密联系的，所以地方性本身是一个过程"（Massey，1991）。地方感的未来应该注重文化认同、表征创新、场景运营（见图 5-10，图 5-11）。

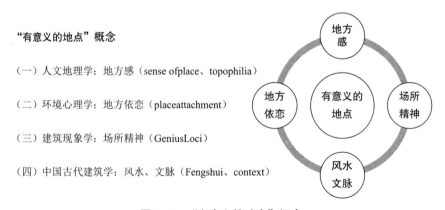

"有意义的地点"概念

（一）人文地理学：地方感（sense ofplace、topophilia）

（二）环境心理学：地方依恋（placeattachment）

（三）建筑现象学：场所精神（GeniusLoci）

（四）中国古代建筑学：风水、文脉（Fengshui、context）

图 5-10 "有意义的地点"概念

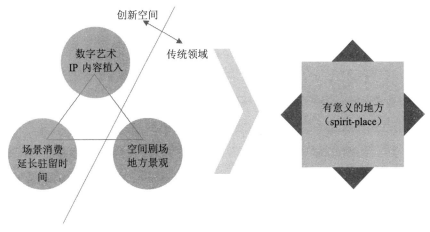

图 5-11　构建有意义的地方

三、中国旅游演艺产品的恋地主义原真性分析

目前，众多旅游演艺产品都强调恋地主义原真性，如张艺谋的印象系列、黄巧灵的千古情系列以及王潮歌的又见系列等，都具有地方感，在艺术创作中呈现当地的自然风貌、文化、非物质文化遗产等元素。

张艺谋的印象系列比较注重地方场景、自然审美、符号建构等方面的打造，作品包括《印象·刘三姐》《印象·丽江》《印象·西湖》《印象·海南岛》《印象·红袍》《印象·月潭》《印象·普陀》《印象·武隆》等（见图5-12）。桂林漓江山水实景演出是地方景观的原址价值呈现。杜甫曾曰："五岭皆炎热，宜人独桂林。"那么，这种桂林山水如何被呈现出来？亿万年前的桂林是一片无名海底，在凹凸不平的地壳板块上升后，变成了中国南方最适宜人类居住的地方。流经桂林的漓江，是苍茫大海退却后，给人类留下的一行诗韵。此外，刘三姐是广西壮族歌圩风俗及其民族文化产物，她代表了以壮族为主体的广西各民族集体思想意识与审美实践经验，刘三姐是广西最具代表性、最有影响力的山歌文化符号与民族文化品牌形象，是广西民族文化元素的建构表达。

图 5-12　印象·丽江

（图源：摄图网）

　　黄巧灵的千古情系列则是注重地方依附、场景再造和技术驱动，作品包括《宋城千古情》《三亚千古情》《丽江千古情》《桂林千古情》《九寨千古情》《西安千古情》《张家界千古情》等。《宋城千古情》演艺支撑了杭州宋城景区的经营，是宋城景区的核心灵魂，与拉斯维加斯的"O"秀、巴黎红磨坊并称"世界三大名秀"。《宋城千古情》分为《良渚之光》《宋宫宴舞》《金戈铁马》《西子传说》《魅力杭州》，整场演艺用先进的声、光、电科技手段和舞台机械，以出其不意的呈现方式演绎了良渚古人的艰辛、宋皇宫的辉煌、岳家军的惨烈、梁祝和白蛇许仙的千古绝唱，把丝绸、茶叶和烟雨江南表现得淋漓尽致，极具视觉体验和心灵震撼（见图 5-13）。

图 5-13　宋城

（图源：摄图网）

王潮歌的又见系列注重剧情演绎、移动场景和沉浸体验，作品主要包括《又见平遥》《又见五台山》《又见国乐》《又见敦煌》等。《又见平遥》是"又见系列"在中国北方地区的第一个大型实景演艺项目。又见系列的演艺作品将古城元素与演出有机结合，突破山水实景布局，设计了迷宫般的剧场，营造空间分割，结合了互动性和体验性的情景剧，让观众穿过不同形态主题空间捡拾祖先生活片段（见图 5-14）。

图 5-14　敦煌

（图源：摄图网）

不同的演艺作品虽然在创作手法上有所区别，但通过对演艺结构的深入分析，可以发现对地方感以及恋地主义原真性的表达都是非常充分的。

四、基于数字艺术的旅游吸引物创意与开发

随着数字技术的快速发展与渗透，在旅游景区开发过程中，利用数字艺术，将当地的历史传统地理风貌或非物质文化遗产，打造成核心吸引物，对于提升景区竞争力具有重要作用。

无论是物质还是非物质文化遗产，都可以通过视觉景观、图像符号、行为互动创建来共同建构"表征"意义。视觉景观，将"自然景观"以视觉明示，用图像符号表征"传统"，用行为互动表征"身份"。

数字艺术作品作为技术信仰的文旅表征与创意开发，通过文博创意场馆的形式，打造文化再生空间，创造"分享文化的无限可能"（见图5-15），数字场景还原多媒体影音技术的文化表征，如汉中的汉文化博物馆在文化沉浸、穿越与互动方面实现了较好的效果。博物馆分为破山凿空、汉水通商、城池纪事三大部分，通过大量场景复原、多媒体、手绘创作画、浮雕等艺术手法，梦回千年之前，重走汉中汉文化发展之路，凸显汉中在汉文化起源和传播中的重要地位。

图5-15　分享文化的无限可能

上海teamLab也属于文旅科技产品，是科技文化的表征创新、新场景再造，给人以直接的感官体验、间接的情感体验、内省的哲理体验。通过结合新型视听技术、混合现实、光影投射等高新技术和装备，极大激发人的自由想象力和创造力，把原本只能束之高阁的珍贵资源转换为高价值的文化消费服务，同时探索了人与自然、人与世界的新关系，将艺术从物质中解放出来，并使之能够跨越边界，并在科技创作中体现出地方文化。teamLab未来游乐园"共同创造"文化表征与旅游体验。在今后的社会，发明创造会变得越来越重要，但当今社会的教育和日常生活非但没有延续这一点，反而压制了人类的创造本能。人类与他人自由的合作，体验共创的快乐，使人类更趋向于共同创造。

图 5-16　文旅科技应用

（图源：摄图网）

无界美术馆（Borderless World），跳脱出展厅空间的限制，打破"作品与作品""作品与观众""自己与他人"的界限，由没有边界的艺术群所组成的"没有地图的美术馆"。作品之间没有界线，时而混合，时而互相影响。这些相互交融的作品，组成了一个没有边界、交织连续的世界。在无界美术馆，将身体沉浸在无界的艺术之中，用自己有意识的身体去探索，任由自己的身体沉浸并逐渐融入这个因为我们的存在而不停变化的世界，使自己和他人之间的边界变得更连续，进而探索我们和这个世界之间没有边界的全新关系。

此外，烟台的芝罘仙境展示中心就是一种"沉浸＋交互"空间体验，是一种"神秘性导引＋全投影空间＋趣味性互动体验"的组合，打造沉浸式多媒体空间。这种空间性、神秘性、趣味性、互动性是国内旅游开发仍需要不断深入探索的，但归根结底需要体现地方感，结合恋地主义原真性，着眼于当地生态环境、历史文化，强化游客的互动、沉浸式体验。

第三节　研学旅行，让保护地成为天然课堂

中国研学旅游的火热发展，为中华文化的代际传播提供载体。我国游学人次自 2014 年后迅速增长，境内游学人数由最初的 140 万增长至 2018 年的

425 万，未来仍旧有着巨大的增长空间和潜力。

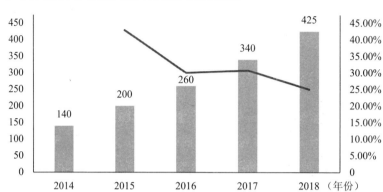

图 5-17 2014—2018 年我国国内研学旅游人次及增速

研学旅游从广义上来说就是地球科普旅游，涉及地质、地貌、气候、水文、动植物以及人类活动等，主要在地球科学旅游的各种场景中开展研学活动，是目前中小学教育、成人教育以及继续教育不容忽视的部分。

一、研学旅行发展：市场、课程与场所

国际上的研学旅游起步早、形式多样、产业形态成熟。具体来说，美国起步较早，覆盖主题内容丰富，硬件配套设施齐全，相关法律法规也较完善；加拿大自然资源丰富，以户外旅行、露营等方式为主，学校普遍会专门组织相关活动；澳大利亚的夏令营和童子军以多种形式与学校教育相结合，服务周期较短，设置监护人和临时监护人；日本修学旅行覆盖率高，政府制定严格的管理制度，获得公共财政补贴；新西兰自然资源丰富，课程主题多样，在教育部委顶层制度的引导下，落实相关规范；新加坡注重通过营地教育强化学生人才素质和能力提升，高校设立相关学科，支持专业人才培养。

古人常说"读万卷书，行万里路"，国内研学旅游出现时间较早，但发展起步较晚。当前市场规模仍在不断扩大，投融资规模也呈高速发展态势。但在快速扩张的同时也暴露出相应的问题，行业监管与行业标准不够，产业成熟度偏低，行业行为有待进一步规范。

图 5-18　研学旅行

（图源：摄图网）

据艾瑞咨询研究院调研数据显示，我国研学旅游的用户以中小学生群体居多，小学及以下占 29.7%，中学阶段占 46.9%，其中女生参与热情较高，占比为 55.9%；国内外泛游学用户目前以中学生居多，尤其是国际游学服务，中学生占比达 57.1%，营地教育用户以小学生居多，占 52.5%，潜在用户年龄结构呈现低龄化趋势。研学旅游参与群体以中等收入家庭为主体，且普遍拥有较高学历（见图 5-18，图 5-19）。

图 5-19　研学旅游参与群体

（图源：摄图网）

调研结果显示，目前国际游学产品单价在 2 万元至 5 万元，国内研学产品平均单价多在 6000 元以下，营地教育多在 8000 元以下。随着用户规模的不断扩大，泛游学市场规模或将保持20%以上的增长率逐年快速上升（见图5-20）。

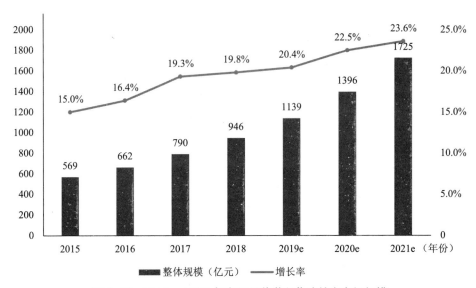

图 5-20　2015—2021 年中国泛游学和营地教育市场规模

此外，研学旅行的场所值得更加深入的探讨，主要涉及乡土地理、自然教育与遗产体验等内容。首先，第一个层次是认识家乡和周边的自然环境，通常从幼儿园开始就会接触到主要场景。其次，随着年龄的增长和认知程度的增加，人们旅行的空间在不断拓展，可接触的半径不断延伸，研学旅行的场所形态也不断丰富，如国家公园、自然公园等。

二、研学旅行场所：原址性地方感、恋地主义原真性

研学旅行的场所强调原址性、地方感，注重恋地主义原真性的体现，而不仅仅是可移动的博物馆、模拟或仿制的户外教育场所。例如，在侗族村寨和北京国家大剧院不同场所中欣赏侗族歌曲，感受体验是完全不同的，置身于前者的现场体验能够更加深刻感受到地方特征。

原址性、地方感是遗产活化核心内涵，也是旅游开发的重要原则。因此，针对中国《文物保护法》对"原址重建"的要求，仅允许特殊情况的原址重

建，仍需要由省、自治区、直辖市人民政府文物行政部门报省、自治区、直辖市人民政府批准；针对全国重点文物保护单位需要在原址重建的，由省、自治区、直辖市人民政府报国务院批准。以国际准则《威尼斯宪章》为依据制定的《文物保护法》《中国文物古迹保护准则》，对原址重建的限制与现实发展需求不匹配，一方面不符合中国、韩国、日本等东亚国家土木建筑维护传承的科学传统，另一方面也不符合中国数千年历史文物发展的客观规律，不利于地方文脉和场所精神的代代传承延续。

据统计，第一批全国重点文保单位中的古建筑一类遗产地，近 90% 的古建筑是毁坏后原址重建，移址重建仅占比 10% 左右（见图 5-21）。截至 2011 年底的第三次文物普查，中国大陆地区共登记不可移动（固定）文物 76.7 万处，其中 65 万处为"一般不可移动文物"（未列入国家或省市级保护计划），其中建筑类遗产 40 万处，不少文保单位被闲置，在风吹雨打中逐渐残破不堪，由此可见，冻结式保护不利于遗产教育。

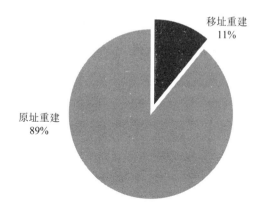

图 5-21　第一批全国文保单位古建筑历史上原址重建与移址重建所占比重示意

（数据来源：1961 年公布的第一批全国重点文物保护单位中的第三类，古建筑及历史纪念建筑物（77 处），除去了石阙、没有重修重建记录的文物。）

是否重建，东西有别。东西方对是否重建的观点之所以不同，是因为东西方的建筑材料不同，西方多用石质建筑，而东方多土木结构，如中国、韩国、日本等都是土木结构的建筑，所有文物是由短期内会毁坏的建筑材料建造的，因此文物建筑历经百年日晒雨淋的理化作用下，受腐蚀、腐烂、霉变、蚁鼠、地震、雷电、台风等自然力的破坏，再加上战争、动乱、犯罪带来的各种人为灾难，最后被"完全毁坏"，所以东方建筑必须原址重建才能长久地保护下来。而古希腊的雅典帕台农神庙是石质材料而建，公元前447—前432年建成，经历了地震、动乱等冲击，但即使经过两千多年时间其基本框架并未大变，而中国曲阜的孔庙却已经重新修建达37次（见图5-22，图5-23）。

图5-22 古希腊的雅典帕台农神庙

（图源：摄图网）

图5-23 曲阜孔庙木质结构

（图源：摄图网）

从地理学角度来看，要保护中国传统文化，就必须原址重建。因为中国古建筑都是"有意义的地点"，叫sense of place（地方感）。以"地方感"为核心概念，为地理学等领域研究提供解释支撑。因此，无论是西方地理学还是中国的传统地理学，都会强调地方感、地方依恋、场所精神、风水、文脉。

"Topophilia"（源于希腊语词汇"地域"和"钟爱"）意为强烈的地域感，通常与一种感知相融合，即在某一人群之间的文化认同感。"恋地情结 Topophilia"这一概念系著名地理学家段义孚所创，意指对身处环境的情感依附，即一个人在精神、情绪和认知上维系于某地的纽带。中国人地方依恋感尤重，中国人对地点的爱、对地方的依恋，对其产生的消费需求是一种文化现象，如区别于厚重的六和塔，保俶塔为了符合西湖风景秀丽的印象，满足景观审美要求，选择苗条轻盈的造型，与西湖风光交相辉映，形成吸引力（见图 5-24）。这就是地理学中解释的风水或者是场所精神，主要体现它的场所价值，并不是说不能原址重建。只有原址重建才能真正表现特定的地方感、地标意义和文脉传承，才能继承特定地理位置和建筑空间所携带的场所基因、彰显特定原址的地方精神价值。

图 5-24 西湖保俶塔

（图源：摄图网）

从城市的景观来讲，建筑毁坏以后，重建时不一定要原状，是可以创新的，但是遗址留下的城市记忆或城市足迹中蕴含的地方感、原真性是人类文明所追求的。因此，通过心理学、建筑学、景观学、历史学、地理学等多学科进行综合研究发现，人们追求场所精神、印象、城市集体记忆中的原真性是指场地的原真性，场地及其建筑作为物质载体承载着人们的信仰和依托，而建筑材料、形制等则与时代财力、价值观、建筑师等有关。

考古学家强调客观主义原真性，但是地理学家认为人们有信仰，是建构主义的一部分。任何一个建筑、街区遗址或是历史地段通过视觉形象传达时代信仰、意义，这不仅与原本形态有关系，并且与建筑消费者的重构也有关系，在历史上允许原址重建的背景下场地建筑充满了主持重建的建构行为，这是建构主义的原真性。在原址地方消费使城市记忆不断得到继承和保留，即人类对原址地方存在消费需求。精神需求作为人类更高层次需求，需要在"地方"获得满足，而原址重建便可以满足人们精神消费需求，这是原址消费占主流的一个重要原因，而不是说不能重建。

在全球化、现代化、标准化的发展趋势下，现代城市或城镇正在面对无地方感（Placelessness）的持续冲击，但东方文化强大的生命力又能把"地方感"拉回来——"地格（placeality）"，地理学里创造的新名称，是指自然地理环境中气象、气候、日照、降水量、植物的生长量、不同民族、不同宗教，这种先天或后天形成的地方风格就是地方感的基础，如西安的遗产活化（见图5-25）。

图5-25 西安遗产活化——阿房宫

（图源：摄图网）

只有原址性地方感，才有真正的地方记忆和文化传承，恋地主义原真性的地方表征是东方人的恋地主义情结、对"再现地方"的追求（见图5-26）。恋地主义原真性表征主要体现在原址重建、再建与再现，对历史事件发生地的绝对尊重与忠实呈现、历史地段符号化等；建构主义原真性表征主要体现在展陈活化与舞台活化，大部分原貌不再的遗迹景观要依托考古现场及可移动文物展陈，同时表征物具有较强的选择性，解说系统在意义表达方面发挥重要作用。语言、图像和行为等多种符号共同建构"表征"意义，文化符号、旅游符号相互交织，赋予客观存在的多重意义。

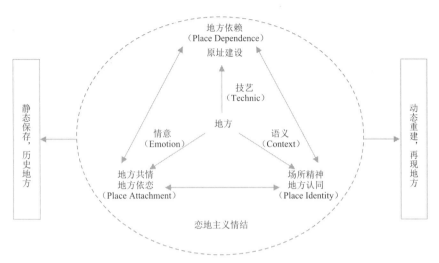

图 5-26　东、西方恋地主义情结的差异

三、研学旅行场所表征创新：自然旅行、博物展陈、红色研学

研学旅行的内容要进行表征创新，了解表征的具体内容是首要前提，无论是研学旅行的环境教育、遗产教育还是地球科普旅游等都会面临这个问题，特别是自然旅行。此外，博物馆展陈、红色研学旅游表征也都非常重要（见图 5-27）。

图 5-27　研学旅行表征

（图源：摄图网）

与世界上其他国家相比，中国在自然风景的文化蕴涵方面具有独特性、代表性。中国人自古以来就有山水情结，传承了中国"天人合一"的传统哲学观，具体的文化表征为山水诗、山水画、山水园林等。此外，著名自然保护地五岳也蕴藏着深厚的五岳文化，五岳涉及的自然景区包括嵩山风景名胜区、泰山风景名胜区、华山风景名胜区、恒山风景名胜区、衡山风景名胜区、嵩山国家森林公园、泰山国家森林公园和恒山国家森林公园。这些山地景区文化都是有继承性的。自然和文化是一体的，作为山水文化载体的古诗词是中国山地自然保护地的文化沉积，始于魏晋、唐宋发展到鼎盛、明清创作数量达到高峰，但以唐宋影响最大（吴必虎，1996b）。风景名胜区与诗词曲赋、散文密不可分，在中华经典古籍库"集部"中，检索结果超过 2000 的首批风景名胜区包括西湖、泰山、华山、庐山、嵩山、黄山、大理、桂林漓江、太湖、衡山、三峡、剑门蜀道（见图 5-28）。此外，国家公园也体现出了民族凝聚力，从首批十大国家公园体制试点中可以看出（见表 5-1），自然风景不仅仅是单纯的视觉符号，在民族的认同性建构中也发挥了重要的媒介作用。

（a）泰山　　　　　　　　　（b）恒山　　　　　　　　　（c）嵩山

（d）华山　　　　　　　　　　　　　　（d）衡山

图 5-28　自然保护地五岳

（图源：摄图网）

表 5-1　十大国家公园体制试点的关键词

十大国家公园体制试点	关键词
三江源国家公园	中华水塔、中国母亲河长江、黄河源头
大熊猫国家公园	熊猫国宝、秦岭——中国南北分界线
北京长城国家公园	长城
东北虎豹国家公园	世界极濒危物种之一
福建武夷山国家公园	世界红茶发源地，中亚热带原生性森林生态系统
祁连山国家公园	河西走廊文化通道
湖北神农架国家公园	上古神农氏采药的地方，世界生物活化石聚集带
湖南南山国家公园	植物区系起源古老
浙江钱江源国家公园	钱塘江源头
云南普达措国家公园	香格里拉的眼泪

　　国家公园作为中国自然保护地体系的主体，具有"国家代表性""国民认同度高""代表国家形象""彰显中华文明"等特征（建立国家公园体制总体方案，2017）。基于我国自然保护地文化基因的重要性，应进一步重视和强化我国国家公园的文化基因表达与活化。

　　博物馆展陈的文化表征，重点是实现历史景观再现与博物馆特许经营。历史景观再现通过多样化的活化形式和具体技术，以重建（原有形态工艺）、再建（突破原真要求）等方式将历史建筑以物质形态的视觉体验传递给受众。特许经营是以法律许可的方式，将国有文物空间的经营权转让给市场制度和特许经营管理体系。通过创意手段和特殊经营管理手段的变化，打造"文化＋沉浸式体验""文化＋商业""文化＋游乐"等多种文化结合模式进行文化空间再生，创造分享文化的可能性（见图 5-29）。

（a）北京故宫慈宁宫　　　　　　　　（b）武汉辛亥革命纪念馆博物馆

图 5-29　博物馆展陈的文化表征

（图源：摄图网）

　　红色旅游实际并不是中国特有的概念，也有一定的国际语境，如西方涉及战争、灾难等的黑色旅游。纪念地旅游是个相对比较中性的词。我国的红色旅游对于"不忘初心"的教育，对于增强党性、党的凝聚力，以及与党和人民群众关系都是具有非常密切的关系。红色遗产活化——以研学旅游为导向的多元红色遗产保护及活化利用，改变照本宣科式教育，行走红色记忆，打造全时空、全过程、沉浸式研学旅行，改善游客旅游移动体验，提升参与感（见图 5-30）。

图 5-30　江西井冈山革命烈士陵园

（吴必虎　摄）

第四节　交旅融合，建设线性游憩产品

中国已经进入了移动生活时代，汽车成为多数中国人的生活消费品。根据公安部交通管理局的数据统计，近五年来私家车保有量持续增长，到 2019 年已经超过 2 亿辆，至 2019 年末中国建成高速公路 14.3 万公里，近五年机动车驾驶人数超过 4 亿，由此衍生出现两种现象。第一，散客、家庭旅游、自驾游成为国内旅游主流。2014 年，中国自驾游出行人数 22 亿人次，2015 年上半年超 19 亿人次；2015 年，自由行成为中国游客最主要的旅行方式。40 亿人次国内游市场中，自由行人群高达 32 亿人次，占比 80%；2019 年我国自驾游行业市场规模为 1135 亿元。第二，环城游憩带内的短途自驾出行市场热，促进环城公路体系建设。周末和小长假到城市周边的城郊游、乡村自驾游成为常态，一般出游时间多集中于 2 日至 4 日，双休日游程距离一般在 150 千米至 300 千米之间，三日游程一般在 600 千米范围内。俗话说"穷家富路"，自驾游对所经过区域公路沿线建设具有一定带动作用，尤其是沿线风景较好路段，可以建设线性游憩产品，提升沿途旅游体验，公路体系蝶变为旅游目的地成为大势所趋（见图 5-31）。

图 5-31　乡村附近高速公路

（图源：摄图网）

一、交旅融合的政策供给

国务院及相关部门多次发布文件强调全面活化公路资源，布局国家旅游风景道，彰显交旅融合重要性。2016 年 3 月，国务院《政府工作报告》中提出 "要加强旅游交通、景区景点、自驾车营地等设施建设，迎接正在兴起的大众旅游时代"。《国务院关于促进旅游业改革发展的若干意见》中提出 "完善旅游交通服务，完善高速公路服务区的旅游服务功能"。《关于促进交通运输与旅游融合发展的若干意见》中也强调 "加强交通设施旅游服务功能；旅游交通产品创新；交通空间综合开发利用；复合功能型服务区；特色主题服务区"。《十三五旅游业发展规划》和《十三五交通扶贫规划》中则提到 "重视汽车营地建设；旅游扶贫电商行动；完善交通服务设施；打造生态旅游线路；促进'交通＋生态'旅游等"。国家发改委相关文件也提出 "加大交通投入力度，增加旅游产品供给"，其中明确指出完善交通基础设施，优化节假日出行环境。2019 年，交通和运输部积极落实中央印发的《交通强国建设纲要》，鼓励交旅融合新动能，深化交通运输与旅游的融合发展，推动旅游专列、旅游风景道、旅游航道、自驾车房车营地、游艇旅游、低空飞行旅游等发展，完善客运枢纽、公路服务区等交通设施旅游服务功能。文旅部也提出国家旅游风景道布局，构建全域旅游供给新体系（见表 5-2）。

表 5-2　国家十三五文旅规划：国家旅游风景道布局

国家旅游风景道布局
（一）川藏公路风景道（四川成都、雅安、康定、巴塘—西藏林芝、拉萨）
（二）大巴山风景道（陕西西安、安康—四川达州、广安—重庆）
（三）大别山风景道（湖北大悟、红安、麻城、罗田、英山—安徽岳西、霍山、六安）
（四）大兴安岭风景道（内蒙古阿尔山、呼伦贝尔—黑龙江加格达奇、漠河）
（五）大运河风景道（浙江宁波、绍兴、杭州、湖州、嘉兴—江苏苏州、无锡、常州、镇江、扬州、淮安、宿迁）
（六）滇川风景道（云南楚雄—四川攀枝花、凉山、雅安、乐山）

续表

国家旅游风景道布局
（七）滇桂粤边海风景道（云南富宁—广西靖西、崇左、钦州、北海—广东湛江）
（八）东北边境风景道（辽宁丹东—吉林集安、长白山、延吉、珲春—黑龙江绥芬河）
（九）东北林海雪原风景道（吉林省吉林市、敦化—黑龙江牡丹江、鸡西）
（十）东南沿海风景道（浙江杭州、宁波、台州、温州—福建福州、厦门—广东汕头、深圳、湛江—广西北海）
（十一）海南环岛风景道（海南海口—东方—三亚—琼海—海口）
（十二）贺兰山六盘山风景道（宁夏贺兰山、沙坡头、六盘山，内蒙古月亮湖）
（十三）华东世界遗产风景道（安徽九华山、黄山—浙江开化钱江源、江郎山—江西上饶—福建武夷山、屏南白水洋）
（十四）黄土高原风景道（内蒙古鄂尔多斯—陕西榆林、延安、铜川、西安）
（十五）罗霄山南岭风景道（湖南株洲—江西井冈山、赣州—广东韶关）
（十六）内蒙古东部风景道（内蒙古阿尔山—呼伦贝尔）
（十七）祁连山风景道（青海门源、祁连—甘肃民乐、张掖）
（十八）青海三江源风景道（青海西宁、海北、海南、果洛、玉树）
（十九）太行山风景道（河北石家庄、邢台、邯郸—河南安阳、新乡、焦作—山西晋城、长治）
（二十）天山世界遗产风景道（新疆霍城、巩留、新源、特克斯、和静）
（二十一）乌江风景道（重庆武隆、彭水、酉阳—贵州遵义、贵阳、铜仁）
（二十二）西江风景道（贵州兴义—广西百色、柳州、荔浦、梧州—广东封开、德庆、肇庆）
（二十三）香格里拉风景道（云南丽江、迪庆—四川稻城—西藏昌都）
（二十四）武陵山风景道（湖北神农架、恩施—湖南湘西—贵州铜仁、遵义、黔东南）
（二十五）长江三峡风景道（重庆长寿—湖北神农架、宜昌）

交旅融合趋势下，政策供给全面支持。通过整理国家风景道相关政策、规划等文件可以看出，我国从2016年开始频繁出台风景道相关政策，全面铺设风景道体系。在这个过程中，政策强调风景道体系的公共产品服务属性，不断加大公共游憩产品服务建设，旅游交通建设同步推进保护与利用并举。山脉、水系、草原、森林等资源是最适合建设风景道的资源类型，通过分析国家重点打造的25个国家示范风景道可以看出，山地和滨水风景道是国家建

设的重点（表5-2）。

交通运输部以往更重视修建道路、管理道路使用，现在则是讲究"道路美"，接下来便是"可以住在路上"，将交通路线打造成为旅游吸引物，让"在路上"逐步变成一种审美享受体验。旅游公路不以直达终点为目的，而以周边赏景和游憩为目的，依托区域旅游资源，串联沿线独特景观，展示沿途最美风光，因此旅游公路景观绿化不仅要满足环保要求，更需借景造景提升旅程体验。近年，国内交旅融合方面取得了较大的进展。过去的旅行，旅和游是分开的，旅是从家里到旅游目的地的过程，充满了不舒服、危险的因素，但交旅融合极大促进了旅游安全性和舒适性的提高（见图5-32）。

图 5-32　西藏自治区昌都地区昌都市怒江 72 拐

（图源：摄图网）

多交通方式融合及综合服务枢纽体系的建立，能够帮助旅游交通更有效地整合对接交通资源。但是由于管理体制方面的原因，公路、铁路、民航、水上船运等不同交通方式的管理权分属于不同机构，对接融合效果不佳。在高铁、高速公路、市内交通等交通方式无缝对接方面，很多地方的融合水平还有待提升（见图5-33）。

图 5-33 美在路上

（图源：摄图网）

二、交旅融合的技术革命

依托交通旅游叠加可移动旅居科技设备，将公路打造成为旅游吸引物，整合公路沿线服务产业，打造可移动旅居度假产品，创新服务供给模式。

作为交通旅游升级的科技支撑与保障，可移动旅居技术包含设计科技、建造科技、游历科技、智能科技等。其中，设计科技助力轻型旅居空间建造，促进交通和旅游功能融合；建造科技属于无生活场景旅居科技，拓宽交通接驳型旅居体验边界；游历科技属于过程科技交通工具，开创交通旅居体验供给新体系；智能科技属于智能机器科技融合，有助于创新交旅产品、优化运营模式。

借助可移动旅居技术，可突破建造运营盲点，促进旅居全要素升级。一是利用"交通路网＋轻型移动旅居空间"，打造顶级公路 IP 交通旅居游线。二是通过"交通路网＋无生活场景旅居装备"，打造极限景观移动旅居目的地，拓宽交通接驳型旅居体验边界。三是通过"交通路网＋过程科技型交通工具"，升级极致体验交通旅游产品，开创交通旅居体验供给新体系。

可移动的旅居体系促进营建方式、出行载体、保障体系、运营模式等的创新，由此提升既有交通路网体系的旅游体验功能，丰富交通工具旅游支撑及游憩体验功能，驱动交通导向型的旅游产品体系孵化，开创交通载体即为目的地的新模式。像川藏、西北、内蒙古地区等路程较远、景致单一的旅游目的地不仅可以看路上的风景，还可以"居住"在路上。

三、交旅融合，线性游憩产品打造

优质的服务、多元的体验可以助力公路 IP 线性游憩产品打造。综合集成驿站接驳、特色营地、慢游步道等产品，有助于全面驱动旅游交通服务水平优化，创新交通旅游产品，强化交通路网"慢游"新体验。

（一）驿站、汽车营地、高速公路休息区建设与自驾游的食宿服务体系建设

1. 驿站接驳——旅游消费引导及消费承载的节点服务体系

公路现有提供维护服务的道班可以转化为驿站，并且可以根据游客需求，在风景优美或环境适宜的地方开辟新的驿站，如现有高速公路休息区，高速公路旁边建设主题公园、购物中心、农贸集市等。一方面，有助于交通部门增加收入；另一方面，从交农融合、交旅融合的角度，为附近的乡村提供更好的进入市场流通、物流的机会。通过自驾游的发展，公路成为旅游目的地，在公路沿线售卖农产品，大大减少农民运输农产品过程中的损耗与成本，实现交通扶贫。

多功能风景驿站是驱动交通路网和旅游消费转化承载的慢行旅游交通综合服务点，是集合服务保障与景观体验的综合功能体。植入以驿站为核心的旅游消费和休憩空间，满足交通道路上的不同群体需求，包括售卖、接待、骑行维修、餐饮服务、小型宴会等（见图 5-34）。

图 5-34　长白山风景驿站（徐晓东摄）

2. 特色营地——从交通游线向线面联动体验的独特旅居产品供给体

特色营地是集合运营服务保障、品质消费休闲、极致景观娱乐为一体的风景营地运营配套服务及休闲娱乐体系，集成极速建造、高效保障、生态环保，包括高效餐厨方舱、移动风景咖啡吧、移动轰趴游戏盒等。

国务院办公厅印发的《关于进一步促进旅游投资和消费的若干意见》提出，到 2020 年，鼓励引导社会资本建设自驾车房车营地 1000 个左右。汽车营地或者自驾营地的建设必然要与道路、景观相结合，因此，自驾车房车营地需要多部门的合作参与（见图 5-35）。

欧美国家的营地就是搭建一个简单的营盘，有水、电接上即可使用，但是由于中国人的饮食习惯和烹调炒炸的需求，西方的房车是不适用的。中国的营地建设及服务体系应当符合国情、具有中国特色，如异形结构拼装的上下层建筑、安装便捷使用、可移动设备等。对于环境敏感或风

图 5-35　休闲 / 移动风景咖啡吧
（图源：北京大地溪客露营建筑科技有限公司）

景优美的地区，可以在空地角落进行拼装，根据需求灵活拆装。

3.慢游步道——引领游客从快进到慢行深度体验的重要接驳联动体系

慢游步道是多种服务功能集成的慢行趣味步道。智慧步道在优美风景中增添游客慢行的乐趣，如可循环利用的步道设施及旅游服务内容集成装备（见图5-36）。

图 5-36 　新疆可可托海金秋黄叶步道

（图源：摄图网）

（二）国家旅游风景道路选线与设计

风景道应综合交通、生态、旅游游憩、户外教育等多角度进行统一的规划设计。现在公路规划设计的教育培训课程主要关注基础交通建设内容较多，认为"第一是安全，第二是省钱"。由于以通行为目标导向，基于安全和资金的考虑，对道路转弯半径和道路线型都做出了具体的硬性规定，以直线公路为主。然而，风景道的建设功能主要以风景欣赏、生态休闲为核心，通过多曲线设计、降低速度实现高品质的"慢游"体验。因此，未来风景道路的选线和设计需要多学科融合。总的来说，风景道路设计的规范标准可能会改变过去单一公路交通设计规范以及体系建设。

（三）强化交通导示与沿线解说系统建设

过去路旁导视，主要是转弯、限速等提示作用，而未来交通的解说系统应该朝着风景道建设规范方向发展，加强现有公路沿线的改造提升。现有国家遗产线路多是沿着公路附近开发的，增加国家遗产线路和风景旅游道路的结合，解说环节至关重要。遗产、生态等知识和内容难以被非专业游客直接感受或了解，因此遗产线路更加依赖解说系统，只有依靠解说系统才能够帮助游客更进一步理解遗产、生态内涵。在具体形式方面，既可以利用有形的物理载体，也可以利用互联网提供解说服务。

四、智慧交通，移动旅游目的地建设

（一）建设移动旅游目的地

在上述系统推进的基础上，加快信息化、智慧交通的建设，如 Wi-Fi 建设覆盖风景道沿途，为游客提供免费 Wi-Fi 服务，打造便捷的移动旅游目的地，实现游客在道路上驾驶，可以随时找到信息、随时预约、随时支付、交通主管部门交通状况、景区饱和度、附近景区等相关信息。移动旅游目的地将公共信息和商业信息结合在一起，为自驾游提供服务，由道路决定游客的旅游目的地。通过交通部门和通信部门中国联通、中国移动的合作，基于区域 Wi-Fi 建设，建立信用体系，在沿途风景道旁的风景区、保护区、农贸市场、服务点提供快捷的网上支付预约、下单等服务，实现社会效益最大化。

草原天路、张家口沿途就是移动旅游目的地。在大规模建设移动旅游目的地的未来，人们不需要以具体城市和地点作为旅游目的地，沿着道路驾驶、欣赏沿途风景，由驿站或房车等旅游设施提供住宿服务，不受到住宿基本需求的条件限制，所有的服务都可以通过网络解决，最终实现移动旅游。未来80% 的人可能是以自驾游为主要旅游方式，利用周末等闲暇时间进行展开移动旅游活动，这便是未来线性游憩产品发展的契机（见图 5-37）。

图 5-37　草原天路

（图源：摄图网）

（二）智慧交通科技引入

引入智慧交通、科技交通新产品与新业态，塑造共享智能新交通旅游方式，拓宽交通旅游的外延和内涵，打造独特、极限交旅新体验。从智能性、极限性、环保性三大角度拓宽极致交通旅居新体验，如引入自助或共享的慢游新模式；建设水上船屋等打造水上漂浮旅居新体验；运用移动拓展方舱，拓展极致景观旅居新场景。

1. 智慧交通——智能导览的移动共享交通旅游新体验。在无人驾驶景区的顺风车，让搭乘可以随时随地、随心所欲，开创环保智能型无人交通旅游新体验。

2. 水域交通——漂流体验＋住宿旅居的精品度假体验。水上交通特色度假船屋，生态环境零负担创新特色交通旅居度假屋。

3. 极限交通——行旅合一的极限交通旅居产品。液压旅居住宿方舱，极端环境、极致景观下的规模化移动旅居住宿功能组，打造交通出行即为旅游吸引物的车轮上旅居目的地。

4. 车载便携旅居方舱——极致景观下的品质旅居保障。机械动力拓展式住宿方舱，综合功能集成，极限环境下规模化旅居极速建造。

5.智能机器科技——载人交通交互式深度旅居体验。仿生娱乐装备及拓展辅助装备，打造载人式交通交互娱乐旅居新体验。

第五节　世界遗产地的乡村焕新

在乡村振兴战略背景下，江苏盐城黄尖镇政府谋篇布局求发展，明确丹顶鹤珍禽和湿地生态环境两大资源品牌特色，规划以文旅产业为抓手，将黄尖镇打造为中国丹顶鹤风情小镇，实现产业兴旺、生态宜居、乡风文明、治理有效、生活富裕的美好乡村图景。以此为契机，2018年和2021年，大地乡居团队分别打造大地乡居·鹤影里和大地乡野游学营地·新洋港两个精品示范落地项目（见图5-38）。

图5-38　大地乡居精品示范项目

（图源：北京大地乡居旅游发展有限公司）

一、初识黄尖，初级的产品结构与顶级的生态资源不匹配

黄尖镇位于盐城市亭湖区东部，拥有中国沿海最大的滩涂湿地，作为丹顶鹤的故乡，每年都会吸引超过全球60%的丹顶鹤来此越冬。当地建设有国

家级丹顶鹤自然保护区，并在此基础上建设了 4A 级景区丹顶鹤湿地生态旅游区，并配套主题博物馆、丹顶鹤放飞表演等项目。但在建设之初，镇上鲜有与丹顶鹤文化体验相关的其他旅游产品，旅游发展尚停留在以观光产品为主导的初级形态中，缺少以湿地文化为内核的深度度假型旅游产品。

2017 年，黄尖镇正式提出打造"中国丹顶鹤风情小镇"的目标。丹顶鹤风情小镇项目重点在于整合现有资源、创建鲜明文化旅游标签、树立亭湖生态文化旅游对外形象，对进一步加速乡村振兴、带动富民增收、实现亭湖高质量发展具有极其重要的意义。

2018 年，大地乡居团队以黄尖最具特色的丹顶鹤元素为主题，结合牡丹花海、水乡湿地等特色资源，从选址、策划、设计到施工以及运营，打造了一个拥有建筑面积 3500 平方米、11 个度假庭院、40 余间客房的主题精品民宿——大地乡居·鹤影里。在此基础上，秉承"从一个 IP 到一组产品，从一种主体业态到一个业态群落，从一个普通村落到一个区域乡村示范"的发展思路，探索、打造更加符合乡村振兴战略需要的乡村精品民宿度假典范项目。

盐城黄海湿地是世界重要的珍稀鸟类全球种群越冬栖息地。2019 年 7 月，盐城黄海湿地申遗成功，也是中国目前唯一的滨海型湿地自然遗产。在新的世界级资源和品牌加持下，以及新的发展要求和市场推动下，2021 年，利用新洋港渔港小镇的 73 亩学校旧址，融入现代化游学营地经营模式，一个具有国内标杆意义的自然遗产研学旅游综合体——大地乡野游学营地·新洋港就此诞生。游学营地项目，是对乡村社区老旧公共建筑再利用的创新尝试，对于促进遗产地社区激活更新和公共空间发展，助力更好地实现湿地文明的教育传播和遗产地的乡村振兴都具有积极意义。

二、大地乡居·鹤影里，新乡土生活倡导空间

大地乡居·鹤影里，从"丹顶鹤"出发，深度展现湿地文明和仙鹤文化，衍生出了一系列"鹤"IP 下的服务空间、业态以及产品。深耕丹顶鹤保护地，开展一场关于乡居、乡民、乡创、乡学的全新探索与实践（见图 5-39）。

图 5-39 大地乡居·鹤影里
（图源：北京大地乡居旅游发展有限公司）

（一）项目介绍

大地乡居·鹤影里项目位于盐城市亭湖区黄尖镇，占地 121 亩、建筑面积 3500 平方米，项目于 2018 年 12 月开业，总投资 4800 万元。秉承着创造美好的新乡土生活方式的诚挚理念，以黄海湿地珍贵的丹顶鹤物种和黄尖独特的菊花产业为设计重点，在苏北大地、黄海之滨上，打造出一个鹤相伴、花为邻，能够让远道而来的朋友们与乡土和自然亲密接触的丹顶鹤主题乡居（见图 5-40，图 5-41）。

图 5-40 大地乡居·鹤影里庭院布局
（图源：北京大地乡居旅游发展有限公司）

图 5-41　大地乡居·鹤影里客房
（图源：北京大地乡居旅游发展有限公司）

一条芦溪静静流淌，原真风貌是游客乡土情结的美丽寄托，保留原始村落的基本格局、保留黄尖当地枕水而居、院落式分布的乡村社区形态以维持原真性和地方感。11 座主题私家庭院与 4 座公建沿河而立，白墙、黑瓦以及点缀的一抹红，从建筑风格表现上鲜明地传递出丹顶鹤故乡的文化内涵和设计理念。东篱、小池、闲庭、簪花、舞水……根据在地乡村的独特气质，结合古诗词中的优美意象，为鹤影里的主题庭院分别赋予优雅动听的名字，48 间精品客房也各具特色。

黄四娘家"花房好物"提供前厅接待服务，也是一间文创铺子和一间乡村咖啡馆。依托这个空间，周边村民自家优质的农产品在这里集中展示、出售。周末和节假日，黄四娘家门口举办热闹的农创市集活动，成为黄尖特色农产品的展示与销售空间；"风景食课"是一座与风景融为一体的美好餐厅，坐在餐厅吃饭的时候就能欣赏田园湿地美景，联合知名的营养学家围绕菊花共同开发了"菊花宴"主题养生餐饮；"爱鹤学馆"充分体现"保护珍禽、亲近自然"的设计理念，联合专业研学机构，共同开发深度的自然游学课程，成为举办各类研讨会、自然沙龙、自然艺术展览和发布会等的特定场所；"盐屋"结合当地特色，设置盐屋汗蒸区、休闲茶座、儿童乐园等功能（见图5-42）。

图 5-42 大地乡居·鹤影里多功能格局

（图源：北京大地乡居旅游发展有限公司）

（二）创新运营

运营创新是提升规划项目生命力和活力的重要部分，通过对主题文创、研学课程、度假线路等多个方面的全面运营创新，实现乡村遗产地的可持续发展。

在主题文创方面，为激活黄尖的乡土风物与乡土文化，设计丹顶鹤主题文创产品"鹤礼"——主打来自丹顶鹤故乡的礼物，开发了传达环保理念的爱鹤徽章、传达"90 后"佛系生活态度的"鹤鹤茶"、基于黄尖菊花产业而生的"鹤影酥"和"花卉精油皂"等系列文创产品。

舒适的民宿客房之上，更有深度的在地人文体验。以"有主题的风物、难找寻的风景、被遗忘的技艺、村庄里的栖居"为核心理念，鹤影里项目包装设计了 3 天 6 大主题内容的世界遗产地深度人文旅行，内容涵盖鹤乡芦苇编、花作下午茶、草木染、鹤绣手作等，为游客提供极富趣味性的遗产地深度人文旅行体验（见图 5-43，图 5-44）。

图 5-43　大地乡居·鹤影里文创产品
（图源：北京大地乡居旅游发展有限公司）

图 5-44　大地乡居·鹤影人文体验
（图源：北京大地乡居旅游发展有限公司）

　　2018 年，大地乡居与大地玩童共同策划、营建的乡村自然研学活动营地——爱鹤营地投入运营，策划全年的湿地营建与自然研学活动，并在每年观鸟季组织深度的观鸟冬令营活动，旨在丰富乡村在地生活体验，通过活动链接新旧乡民、乡民与游客、亲子之间的温情，激活乡村活力。

　　为了广泛传播丹顶鹤和自然湿地保护理念，运营团队特别启动"鹤乡能工"专家驻地计划，吸引国内知名的鸟类专家、湿地生态专家、自然摄影师、艺术家等相关人士参与，打造盐城重要的自然教育与研究基地。2018 年，中央民族大学教授、大地乡居研究院院长徐永志先生与黄尖镇袁鑫副镇长共同为"大地风景乡村振兴研究实验交流基地（苏中）"揭牌。

图 5-45 当代鹤王阿里先生在鹤影里画鹤
（图源：北京大地乡居旅游发展有限公司）

图 5-46 "大地风景乡村振兴研究实验交流基地（苏中）"揭牌
（图源：北京大地乡居旅游发展有限公司）

三、大地乡野游学营地·新洋港，新乡土研学创新实践

　　四年来，丹顶鹤风情小镇持续保持高节奏建设，开元芳草地、潮间带艺术部落、鹤汀云栖民宿、袁家尖度假区等一批项目相继落地或开工建设。在特色小镇的开发契机下，新洋港小学改造作为新洋港先期启动的标杆示范项目，应当在黄渤海湿地申遗成功后，在盐城的遗产地旅游格局中塑造出一个

有一定地位、更具品牌先导性的高质量项目。

　　大地乡野游学营地，是亭湖区、黄尖镇、大地乡居等多方群策群力、实践探索的乡村文旅综合体项目，联合社区、政府、企业共同参与，是一次对乡村社区老旧公共建筑再利用的尝试和示范，吸引多元人才的参与、繁荣在地性的文化生活，促进遗产地社区的激活更新和公共空间发展，助推黄尖镇从黄海湿地的观光旅游，迈向遗产地社区的乡村振兴和旅居度假，实现新一轮高质量发展（见图5-47）。

图 5-47　大地乡野游学营地

（图源：北京大地乡居旅游发展有限公司）

　　大地乡野游学营地·新洋港，位于盐城市亭湖区黄尖镇新洋港社区，占地73亩，呈三面环水半岛形态，总建筑面积约6000平方米，总投资1.2亿元，以打造具有国内标杆意义的自然遗产研学旅游综合体为定位。

　　新洋港小学2020年因校区合并而闲置，2020年年底，亭湖区政府牵头启动新洋港生态渔港小镇项目发展建设，2021年6月，由新洋港小学旧址改造并扩建的大地乡野游学营地项目落地。

　　项目综合布局研学教室、艺术展览、图书阅览、度假民宿、无动力乐园、球幕影院、休闲餐厅、文创购物、共享办公等多种业态，成功导入吴必虎、左靖等业内领军人物的高端运营资源，创意设计以全球珍稀极危鸟种"勺嘴鹬"为原型的园区IP形象——"小野家族"，具有功能业态的复合性、资源品质的高端性、文创设计的先驱性，旨在匹配世界遗产地乡村文旅产品的升级需求和自然遗产的教育传播（见图 5-48，图 5-49）。

图 5-48　大地乡野游学营地鸟瞰效果图

（图源：北京大地乡居旅游发展有限公司）

图 5-49　大地乡野游学营地实景图

（图源：北京大地乡居旅游发展有限公司）

项目整体的设计理念围绕"黄海湿地·众鸟栖息"展开，具体建设内容包括入口服务综合体、世界遗产研学中心、游历图书馆、主题无动力乐园等。

入口服务综合体。自东入口进入园区，穿过一组入口服务综合体建筑，涵盖游客中心、候鸟创客基地、农礼铺子和推浪鱼风景餐厅 4 大功能，通过建筑体块穿插错落形成连绵起伏的坡状天际线，远观犹如集聚的"鸟居"群落（图5-50）。

图5-50　入口服务综合体效果图

（图源：北京大地乡居旅游发展有限公司）

世界遗产研学中心。基于闲置的新洋港小学旧址改造利用，通过引入遗产教育和艺术展览全新包装了场地空间，将过去的乡村文化教育中心成功升级打造为遗产文化深度体验中心。

项目建筑面积约2000平方米，定位于打造面向国际的湿地教育游学产品，将闲置小学转型升级为融合艺术展览、研学教室、研学校舍等多业态为一体的综合建筑体，成为乡村社区老旧公共建筑再利用的尝试和示范。作为一种文化传播的重要公共空间，新洋港艺术中心特别邀请到中国艺术乡建的领军人物左靖老师进行策展，量身定制了"鸣鹤在荫：东亚文化中的鹤"主题展，选取摄影、绘画、电影、文字、舞蹈等不同艺术形式的切入点，提取和凝练中国、日本、韩国等东亚地域对鹤文化的理解，以艺术展览的形式，面向公众科普和传播黄海湿地的生态文明（见图5-51~图5-53）。

图 5-51　世界遗产研学中心布局效果图

（图源：北京大地乡居旅游发展有限公司）

图 5-52　世界遗产研学中心综合体建筑效果图

（图源：北京大地乡居旅游发展有限公司）

图 5-53　"鸣鹤在荫：东亚文化中的鹤"主题展

（图源：北京大地乡居旅游发展有限公司）

　　游历图书馆和游历讲堂。一组 T 形建筑在西潮河畔打造了一个极具仪式感的精神空间，弧形的楼梯、翻页的墙壁、生长的羽翼等亮点设计吸引游客前往。基于盐城乡贤吴必虎博士的"游历图书馆"品牌，以博物学和自然文学为选书方向，收纳图书近万册，打造拥有休闲阅读、学术研讨、国际性会议论坛等要素功能的研学旅游综合体（见图 5-54）。

图 5-54　新洋港游历图书馆

（图源：北京大地乡居旅游发展有限公司）

　　以湿地珍禽勺嘴鹬为 IP 包装的主题无动力乐园。勺嘴鹬不同于丹顶鹤的高贵气质，作为世界上最稀有的鸟类之一，可繁殖的勺嘴鹬大概仅有 220 对，被列为极度濒危物种，正在经历极度迅速的衰退，勺嘴鹬值得"出圈"并得到社会的认知和保护。通过对当地湿地保护的文化挖掘和理解思考，以勺嘴鹬为原型，为游学营地设计"小野家族"IP，以物种设施及园区其他室内设计、标识系统、景观小品等为物质载体，将其可爱蠢萌的形象与主题乐园深入融合，以迎合家庭亲子市场。小野探索乐园占地13400平方米，以小野家族为原型定制包装设计了滑梯、攀爬、跳跳云等十余种无动力游乐设施，并量身创作了一个小野在黄海边建造梦想的乐园故事游线（见图5-55，图5-56）。

图 5-55 "小野家族"IP

（图源：北京大地乡居旅游发展有限公司）

图 5-56 "小野家族"IP 主题无动力乐园

（图源：北京大地乡居旅游发展有限公司）

大地乡居·黄海乐野。倚靠西潮河，由5栋二层建筑和9栋一层建筑组成，一排排屋顶犹如展翅欲飞的鸟儿，搭配民宿内部景观小品和互动游乐装置，营造一个景色宜人、活力有趣的民宿群落。优雅抽象的仙鹤折纸、公主/王子的多彩梦境、秋千滑梯的互动设施，雪国和雨林的迁徙之路体验等9种不同的内装风格打造出轻奢度假和亲子度假两种主力产品形态，满足不同客源市场需求。

项目自2020年12月开工，2021年6月基本成形，2021年12月全景呈现。一年时间，从选址到规划，从设计到运营，还原度超90%，在乡村存量的转型升级利用、为乡村注入国际视野的文化内涵、开创盐城亲子民宿度假市场先河等方面都表现出良好的示范性。

图5-57　大地乡居·黄海乐野民宿群落
（图源：北京大地乡居旅游发展有限公司）

以闲置小学改造游学营地，代表了未来乡村地区存量改造建设的方向，具有国际视野的文化内容的生产，使盐城世界遗产地的价值从自然生态拓展到文化艺术，也让这个项目成为地方文化创意产业的标杆和面向国际展示传播世界遗产文化价值的窗口。

四、EPCO 项目操作模式解读

根据黄尖实际情况，大地乡居·鹤影里和大地乡野游学营地·新洋港两个项目均采用 EPCO 的项目操作模式，响应政府或平台公司资金计划及投资规模要求，以运营前置思维全盘考量项目发展定位、空间规模和业态产品，通过设计、建设和内容导入，以"五位一体"的模式推进乡村文旅示范项目落地（见图 5-58）。

图 5-58 乡村文旅综合体 EPCO "五位一体"全程服务模式

强调基础设施投资、建设、运营全生命周期协同理念的 PPP 模式已经成为乡村旅游开发的主要模式，EPC+O 模式是这一理念指导下地方政府和社会资本的最新实践。EPCO 是在成熟的 EPC（Engineering+Procurement+Construction）模式，即设计、采购、施工及运营一体化的总承包服务模式基础上，进一步增加了 O（Operation）后端运营端口的服务输出，强调运营前置的顶层思维逻辑，把控整个项目的统筹规划和协同运作。

EPCO 模式保证项目设计与运营收益完全对接，并使前期策划、规划、设计、报规、报建等工作高效落地，紧密结合土建、房建、市政、景观、室内、游乐互动等建设过程，通过该整合方式能够有效提高项目运营效率，降低全生命周期成本。这一模式适用于乡村旅游处在起步阶段，拥有特色资源，地方政府主观能动发展意愿强烈，有闲置宅基地、农林用地或未利用地，有明确资金投入计划的村庄，打造乡村微度假综合体，以点状高品质示范项目，驱动区域乡村振兴。

在 EPCO 运营模式运作下，有效助力黄尖镇释放资源价值、发挥品牌优势、夯实湿地生态文化 IP，通过建筑改造、产品填充的方式，实现具有时尚性的文创乡土空间更新，运营发展住宿、餐饮、乡村社交活动等。物质空间空置是黄尖乃至中国大量乡村普遍存在的问题，鹤影里和游学营地两个项目的建成，为黄尖打造多种具有本土文化内涵的乡村产品，有效解决乡村建筑"空心"问题。通过打造乡村文旅内容平台，有效延伸乡村培训、品牌宣传、文创研发等领域发展，大力推动当地乡村旅游发展。

后　记

　　随着我国经济社会变革步入崭新阶段，可持续发展成为当下各领域的主旋律，保护地也不例外。游憩资源的有效保护与开发是保护地转型与可持续发展的关键，有助于实现人地共生、共存、共赢的和谐发展目标。

　　本书的核心观点主张整理自吴必虎教授的思考精华，在力求夯实理论知识的基础上，提高实践在本书体系中的地位，加强实践内容的完善，注重基础知识与实践应用的结合。理论结合实际、知行合一，这也是大地风景一直以来所践行的准则。大地风景文旅集团作为国内旅游规划设计咨询的领军企业，历经二十年的产业深耕，在中国文旅规划领域积累了丰富的前沿经验，更逐渐成长为文旅导向型有机更新规划理论的创新引领者、践行者与传播者。能够在旅游规划前沿理论研究中不断进步，得益于集团优秀创始学者们的旅游教育情结与责任感，也赋予了大地风景更加蓬勃的生命力和强大坚韧的智慧根脉。

　　在保护地的保护建设与旅游介入的探索中，我们有幸参与其中，并将这些经验与心得融入了这本书的案例介绍中，希望能够给广大业界同人提供一些参考和启发，也欢迎各位专家学者批评指正。在为本书进行案例择选的过程中，面对大地风景数以千计的优秀案例，深觉每一份规划成果都有很多值得借鉴、反思之处，由于篇幅限制，难以在本书中一一呈现，不禁颇感遗憾。在此要衷心感谢大地风景文旅集团全体同人对案例素材收集整理工作的全力支持。

　　未来，大地风景会继续与众多文旅人携手同行，持续输出文旅规划实践优质内容，不仅要为中国文旅实践大地创造动人的自然与人文风景，更要为中国文旅智慧大地创造难忘的知识与文化风景，续写具有中国气质精神的文旅规划新篇章。

编委会

2023 年 9 月 2 日

参考文献

白泉.生态文明建设迈入降碳为重点战略方向的新阶段——2021 年上半年生态文明建设形势分析［Z］.国家发展改革委，2021-07-28.

保继刚，孙九霞.社区参与旅游发展的中西差异.地理学报，2006（4）：401-413.

鲍勃－博拉，劳森.旅游与游憩规划设计手册［M］.唐子颖，吴必虎，译.北京：中国建筑工业出版社，2004.

陈海标，张海燕.论生态保护红线的界定与实践［J］.资源开发与市场，2013（11）：105-107.

陈诗越，强柳燕，张风菊，等.黄河下游地区堌堆遗址时空分布特征及其与黄河洪水关系［J］.地理科学，2020（7）：1202-1209.

陈幺，赵振斌，张铖，郝亭.遗址保护区乡村居民景观价值感知与态度评价——以汉长安城遗址保护区为例［J］.地理研究，2015，34（10）：10.

程天文，赵楚年.我国主要河流入海径流量、输沙量及对沿岸的影响［J］.海洋学报，1985（4）：460-471.

丛丽，吴必虎，李炯华.国外野生动物旅游研究综述［J］.旅游学刊，2012，27（5）：57-65.

戴维·哈维.后现代的状况：对文化变迁之缘起的探究［M］.北京：商务印书馆，2013：72-98.

单树模.江苏废黄河历史地理［J］.淮河志通讯，1985（1）.

樊超，陈炳宏，吴彬.基于康养旅游的生态旅游空间分析——以中国自然保护区为例［J］.自然科学进展，2017，27（2）：281-288.

樊海强，权东计.大遗址特性与保护利用模式探讨——以汉长安城遗址为例［J］.西安电子科技大学学报：社会科学版，2005，15（4）：5.

范颖，潘林，陈诗越.历史时期黄河下游洪泛与河道变迁［J］.江苏师范大学学报（自然科学版），2016（4）：6-10.

方文辉.基于生态文明建设的旅游资源规划和发展策略［J］.中国旅游报告，2011（2）：18-19.

冯淑华.古村落旅游客源市场分析与行为模式研究［J］.旅游学刊，2002（6）：45-48.

付蕾，祁红程亮，等.安徽旅游风景区大型体育赛事环保研究［J］.体育文化导刊，2011（10）：13-15.

甘信云，张希晨，胡颖.无锡工业遗产活化利用中的若干问题［J］.工业建筑，2017，47（8）：21-25.

高璟，吴必虎，赵之枫.基于文化地理学视角的传统村落旅游活化可持续路径模型建构［J］.地域研究与开发，2020，39（4）：73-78.

顾朝林.转型中的中国人文地理学［J］.地理学报，2009（10）：1175-1183.

关于让文物活起来、扩大中华文化国际影响力的实施意见.2021-11-24.

郭晓东，张启媛，马利邦.山地—丘陵过渡区乡村聚落空间分布特征及其影响因素分析［J］.经济地理，2012（10）：114-120.

姜骏.中国自然山岳的神秘意义［J］.中国生态文化，2019（6）：92-93.

贺箫笙，盛翠菊，潘莉.徐州黄河故道文化旅游资源现状调查与研究［J］.当代旅游，2019（4）：170，182.

胡春宏.黄河水沙变化与治理方略研究［J］.水力发电学报，2016（10）：1-11.

胡梦飞.明清时期徐州地区水神信仰初探——以徐州府辖区为中心［J］.兰州教育学院学报，2013（4）：1-4，19.

胡最，刘沛林，曹帅强.湖南省传统聚落景观基因的空间特征［J］.地理学报，2013（2）：219-231.

黄以柱.黄河下游决口、改道规律与历代治黄经验初析［J］.河南师大学报（自然科学版），1982（1）：81-90.

康璟瑶，章锦河，胡欢，等.中国传统村落空间分布特征分析［J］.地理科学进展，2016（7）：839-850.

李凡，金忠民.旅游对皖南古村落影响的比较研究——以西递、宏村和南屏为例［J］.人文地理，2002（5）：17-20，96.

李高金.黄河南徙对徐淮地区生态和社会经济环境影响研究［D］.中国矿业大学博士学位论文，2010.

李红，吕一仲.从"硬件""软件""环境"角度看保护地旅游可持续发展［J］.中国旅游视野，2018（16）：121-125.

李如生.风景名胜区保护性开发的机制与评价模型研究［D］.东北师范大学博士学位论文（导师李诚固），2011.

李祥哲.古代道路、驿路及其保护——以郑州市为例［J］.人文地理，2019，34（1）：19-24.

廖本全.人文主义观点下空间文化之保存与建构——以西螺地方的构成为例［J］.2001年海峡两岩土地学术研讨会，中国土地学会，2001.

刘嫦娥，谢玮.乡村振兴战略下人才"回流"存在的问题及对策研究［J］.湖南省社会主义学院学报，2018，19（5）：4.

刘大均，胡静，陈君子，等.中国传统村落的空间分布格局研究［J］.中国人口·资源与环境，2014（4）：157-162.

刘冬青，陈践发，尹剑华.文化意义与自然保护的边界——以青藏高原藏区自然保护区为例［J］.生态经济，2017，33（12）：110-114.

刘沛林.论"中国历史文化名村"保护制度的建立［J］.北京大学学报（哲学社会科学版），1998（1）：80-87，158.

李轩，刘茜源，张路路，等.乡村遗产酒店：古村落活化利用新模式探索［J］.商场现代化，2021.

卢勇，沈志忠.明清时期洪泽湖高家堰大堤的建筑成就［J］.安徽史学，2011（6）：109-112.

吕晶，蓝祧彪，黄佳.国内传统村落空间形态研究综述［J］.广西城镇建设，2012（4）：71-73.

吕州.让文化遗产活起来［N］.中国文物报，2015-01-13.

马建昌."敬畏"与"珍爱"语境下的大遗址保护理念［J］.大明宫研究，

2018（4）：15-16.

马梅.公共产品悖论——国家公园旅游产品生产分析［J］.旅游学刊，2003，18（4）：4.

闵庆文，刘某承，杨伦.黄河流域农业文化遗产的类型、价值与保护［J］.民主与科学，2018（6）：26-28.

聂涛.四川民族地区体育旅游现状及发展模式探析［J］.广州体育学院学报，2019，39（5）：80-83.

牛韧，王倩，秦昌波，等."两山论"理念下环境质量良好地区的水环境质量底线确定方法探索——以衢州市为例［J］.环境保护科学，2018，44（1）：6.

裴彦贵.让明清黄河故道文化在新时代绽放光彩［J］.江苏政协，2020（3）：49-50.

彭安玉.试论黄河夺淮及其对苏北的负面影响［J］.江苏社会科学，1997（1）：121-126.

邱丽，渠滔，张海.广东五邑地区传统村落的空间形态特征分析［J］.河南大学学报（自然科学版），2011（5）：547-550.

阮仪三，肖建莉.寻求遗产保护和旅游发展的"双赢"之路［J］.城市规划，2003（6）：86-90.

申明锐，沈建法，张京祥，等.比较视野下中国乡村认知的再辨析：当代价值与乡村复兴［J］.人文地理，2015（6）：53-59.

苏勤，林炳耀.基于态度与行为的我国旅游地居民的类型划分——以西递、周庄、九华山为例［J］.地理研究，2004（1）：104-114.

宿迁市宿迁区人民政府.龙王庙行宫［J］.宿迁在线，2020-03-09.

唐小平.中国自然保护区从历史走向未来［J］.森林与人类，2016（11）：24-35.

王长松，段蕴歆，张然.历史时期黄河流域城市空间格局演变与影响因素［J］.自然资源学报，2021（1）：69-86.

王春迎，张青.山东半岛海岸线时空变化分析［J］.北京测绘，2019（6）：641-646.

王聪明，温瑞．利害相生：明代黄淮水患与淮安府的城市变迁［J］．河北师范大学学报（哲学社会科学版），2016（1）：24-37．

王国君，王雪莹．生态旅游发展的特点及其对旅游业绿色转型发展的启示［J］．旅游导刊，2020（6）：15-16．

王洪涛．德国自然公园的建设与管理［J］．城乡建设，2008（10）：73-75．

王镜．基于遗产生态和旅游体验的西安遗产旅游开发模式研究［D］．陕西师范大学［J］，博士学位论文，2008．

王俊清．明清时期淮河流域水灾与城市变迁［D］郑州大学硕士学位论文，2010．

王雷亭，吴必虎，丁敏，等．走通"自然文化融合型"国家公园第三条道路——以泰山为例［J］．泰山学院学报，2020（3）：63-72．

王立龙．国家公园生态旅游的本土化路径研究［J］．中国生态旅游，2022，12（2）：264-274．

王连勇．我国风景名胜区边界及部分其他类型自然保护地边界研究［J］．地理研究，32（2）：258-268．

汪清蓉，李凡．古村落综合价值的定量评价方法及实证研究——以大旗头古村为例［J］．旅游学刊，2006（1）：19-24．

王心怡．法国区域自然公园研究及对我国乡村保护的经验借鉴［D］．北京林业大学硕士学位论文（导师张晋石），2016．

王兴中，刘永刚．人文地理学研究方法论的进展与"文化转向"以来的流派［J］．人文地理，2007（3）：1-6，11．

王应临，赵智聪．自然保护地与生态保护红线关系研究［J］．中国园林，2020（8）：20-24．

王颖，张永战．人类活动与黄河断流及海岸环境影响［J］．南京大学学报（自然科学版），1998（3）．

王云才．乡村景观旅游规划设计的理论与实践［J］．科学出版社，2004．

王云才．中国乡村旅游发展的新形态和新模式［J］．旅游学刊，2006（4）．

魏乐心．对"禁止开发区"的认识与界定［J］．环境污染与防治，2012，

34（8）：1-4.

吴冰杰，等.以降低碳排放为主线的中国生态文明建设路径分析［J］.西南科技大学学报（社会科学版），2020，22（1）：9-16.

吴必虎.历史时期苏北平原地理系统研究［J］.华东师范大学出版社，1996a.

吴必虎.中国山地景区文化沉积研究［D］.华东师范大学博士学位论文（导师许世远），1996b.

吴必虎.自然教育旅游与生态旅游［M］.高等教育出版社，2010：38.

吴必虎."传统村落的保护与活化"中的空间思维.城市规划［J］.2012，35（5）：15-19.

吴必虎.传统村落旅游发展的模式与思维［J］.经济研究导刊，2017（18）：88-89.

吴必虎，黄珊蕙，王梦婷，谢冶凤.旅游与游憩规划［M］.北京大学出版社，2022.

吴必虎，纪凤仪，薛涛.（2021）.黄河改道的区域地理效应与故道遗产活化———以黄河故道（江苏段）为例［J］.民俗研究，2021（3），5-15.

吴朋飞，刘德新.审视与展望：黄河变迁对城市的影响研究述论［J］.云南大学学报（社会科学版），2020（1）：69-77.

吴文智，庄志民.体验经济时代下旅游产品的设计与创新——以古村落旅游产品体验化开发为例［J］.旅游学刊，2003（6）：66-70.

肖立军，任宣羽.基于循环经济观念下的工业遗存活化再利用探讨［J］.旅游学刊，2013（8）：12-14.

徐嵩龄.中国文化与自然遗产的管理体制改革［J］.管理世界，2003（6）：63-73.

荀德麟.黄河故道的形成及其文化遗产［J］.江苏地方志，2015（1）：24-26.

谢冶凤.从"物"的征服到"人"的感受——文学基础教育对文化遗产保护的吸引力［J］.四川韩文化研究，2017（2）：100-103.

谢冶凤，郭彦丹，张玉钧.论旅游导向型古村落活化途径［J］.建筑与文化，2015（8）：126-128.

谢冶凤，吴必虎，张玉钧，王梦婷.中国自然保护地旅游产品类型及其特征［J］.地域研究与开发，2021，40（3）：6.

薛宝琪，范红艳.传统村落的遗产价值及其开发利用［J］.农业考古，2012（1）：380-383.

颜亚玉，张荔榕.不同经营模式下的"社区参与"机制比较研究——以古村落旅游为例［J］.人文地理，2008（4）：89-94.

杨学志.吴传钧院士的人文地理思想与人地关系地域系统学说［J］.黑龙江师范学院学报（哲学社会科学版），2014（1）：63-66.

尹剑华，陈践发，谢志强，等.维护中国自然保护区文化属性的现实路脚［J］.重庆大学学报（社会科学版），2015，21（5）：28-34.

于云洪.明清时期黄河水患对下游城市的影响［J］.黄河文明与可持续发展，2014（2）：15.

俞孔坚，张蕾.黄泛平原古城镇洪涝经验及其适应性景观［J］.城市规划学刊，2007（5）：7.

虞虎，王甫园，钟林生，等.关于推动生态旅游高质量发展的建议［Z］.中国社会科学院旅游研究中心，2021-07-14.

喻学才.遗产活化论［J］.旅游学刊，2010（4）：6-7.

喻宗仁，窦素珍，赵培才，等.山东东平湖的变迁与黄河改道的关系［J］.古地理学报，2004（4）：469-479.

张朝枝.原真性理解：旅游与遗产保护视角的演变与差异［J］.旅游科学，2008（1）：1-8，28.

张柔然，孙蒙杰.基于文化社区模式的古村镇遗产保护——以大理喜洲古镇为例［J］.遗产，2020（2）：321-338.

张瑞雪.历代治黄代表人物及其治河方策简介［J］.黄河水利教育，1997（3）：44-45.

章锦河.古村落旅游地居民旅游感知分析——以黟县西递为例［J］.地理与地理信息科学，2003（2）：105-109.

张婧雅，张玉钧.论国家公园建设的公众参与［J］.生物多样性，2017，

25（1）：8.

章人骏.华北平原地貌演变和黄河改道与泛滥的根源［J］.华南地质与矿产，2000（4）：52-57.

赵明奇.徐州城叠城的特点和成因［J］.中国历史地理论丛，2000（2）：129-138.

赵筱侠.黄河夺淮对苏北水环境的影响［J］.南京林业大学学报（人文社会科学版），2013（3）：92-101.

赵悦，石美玉.非物质文化遗产旅游开发中的三大矛盾探析［J］.旅游学刊，2013，28（9）：84-93.

郑石平.道教名山大观［M］.上海：上海文化出版社，1994.

周睿，钟林生，刘家明.乡村类世界遗产地的内涵及旅游利用［J］.地理研究，2015（5）：991-1000.

周尚意，孔翔，朱竑.文化地理学［M］.北京：高等教育出版社，2004.

周尚意，唐顺英，戴俊骋."地方"概念对人文地理学各分支意义的辨识［J］.人文地理，2011（6）：10-13，9.

周尚意.四层一体：发掘传统乡村地方性的方法［J］.旅游学刊，2017（1）：6-7.

周樟根，曾庆云，陈华智.社区营造视角下传统村落的保护与利用——以梅湾村为例［J］.小城镇建设，2016（9）：38-42，49.

朱尖，姜维公.黄河故道线性文化遗产旅游价值评价与开发研究［J］.资源开发与市场，2013（5）：553-556.

朱启臻，芦晓春.论村落存在的价值［J］.南京农业大学学报（社会科学版），2011（1）：7-12.

朱莹，张向宁.进化的遗产——东北地区工业遗产群落活化研究［J］.城市建筑，2013（5）：110-112.

邹逸麟.黄河下游河道变迁及其影响概述［J］.复旦学报（社会科学版）（S1），1980：12-24.

Riftin V.国外研究中国各族神话概述——《中国各民族神话研究外文论著目录》序.长江大学学报（社会科学版），2006（1）：5-15.

Besculides, A., Lee, M. E., McCormick, P. J. (2002). Residents' perceptions of the cultural benefits of tourism. Annals of tourism research, 29(2), 303-319.

Boorstin D. J. (1987). The image: A guide to pseudo-events in America. Vintage Books, 263-294.

Bowen, L.（2011）. Back to the basics: 100 years of camping in the USA. Journal Of Tourism & Cultural Change, 9(3), 191-201.

Bruner E. M. (1994). Abraham Lincoln as authentic reproduction: A critique of postmodernism. American anthropologist, 96(2), 397-415.

Buckley R, Brough P, Hague L, et al. (2019). Economic value of protected areas via visitor mental health. Nature Communications, 10(1):5005.

Buckley R, Cater C, Zhong L, et al. (2008). Shengtai Lvyou: Cross-cultural comparison in ecotourism. Annals of Tourism Research, 35(4):945-968.

Castells, M. (1996). Rise of the Network Society: The Information Age: Economy, Society and Culture. Blackwell Publishers, Inc.

Cohen E. (1988). Authenticity and commoditization in tourism. Annals of Tourism Research,15(3): 371-386.

Cohen, J. H. (2001). Textile, tourism and community development. Annals of tourism research, 28(2), 378-398.

Dudley N. (2008). Guidelines for Applying Protected Area Management Categories, Gland: IUCN.

Ferrari S, Gilli M. (2017). Protected natural areas as innovative health tourism destinations//Smith

Frost W, Hall C M. (2014). 旅游与国家公园：发展、历史与演进的国际视野［M］. 王连勇, 译. 商务印书馆, 2014.

Hanna, S., & Bird, M. (2016). The three theories of authenticity and heritage tourism. Annals of Tourism Research, 57, 70-87.

Harvey D., (1989). The Condition of Post-Modernity: An Inquiry into the Origins of Culture Change. Journal of Architectural Education, 20(5).

Huxley J. (1959) The Future of Man, Bulletin of the Atomic Scientists, 15:10,

402-404.

Keisler J, Sundell R. (1997). Combining multi-attribute utility and geographic information for boundary decisions: An application to park planning. Journal of Geographic Information and Decision Analysis, 1(2):100-119.

Kneafsey, M. (2001). Rural cultural economy: Tourism and social relations. Annals of Tourism Research, 28(3), 762-783.

Leung, Y. F. , Spenceley, A. , Hvenegaard, G. T. , Buckley, R. C. . (2020). Tourism and visitor management in protected areas: guidelines for sustainability (Mongolian version).

Li, X., Wang, D., & Wang, M. (2014). The adventure tourism market segmentation: A hybrid approach. Tourism Management, 40, 79-87.

Maccannell D. (1973). Staged authenticity: arrangements of social space in tourist settings. American Journal of Sociology, 79(3): 589-603.

Mankiw, N. G. (2012). Principles of Economics. Tsinghua University Press.

Massey D. (1991). A Global Sense of Place. Space Place & Gender, 38(2), 166-186.

Ning W. (2017). Rethinking authenticity in tourism experience. In The political nature of cultural heritage and tourism: Critical essays (pp. 469-490). Routledge.

Page S J, Bentley T A, Walker L. (2005). Scoping the nature and extent of adventure tourism operations in Scotland: How sage are they? Tourism Management, 26(3):381-397.

Pretty, J. (2005). Participatory learning for sustainable agriculture. World Development, 33(6), 979-998.

Spenceley A. (2015). Tourism and the IUCN World Parks Congress 2014. Journal of Leisure Research, 2(4): 213-225.

Smith, C. J. , Relph, E. . (1976). Place and placelessness. Geographical Review, 68(1), 116.

Smith M, Kelly C. (2006). Wellness tourism. Tourism Recreation Research, (1):1-4.

Tuan Y F. (1990). Topophilia: a study of environmental perceptions, attitudes, and values. Columbia University Press.

Wang N. (1999). Rethinking authenticity in tourism experience. Annals of Tourism Research, 26(2), 349−370.

Xu H, Cui Q, Ballantyne R, et al. (2013). Effective environment interpretation at Chinese natural attractions: The need for an aesthetic approach. Journal of Sustainable Tourism, 21(1):117−133.

Young T. (2017). Heading out: A history of American camping hardcover. Ithaca, NY: Cornell University Press.

Zhou, Y., Wei, X., Wang, H., Zhang, H., & Huang, Y. (2019). Landscape Region with Cultural Meanings of Chinese Five Sacred Mountains and Its Heritage Landscape Conservation. Sustainability, 11(17), 4630.

Zhong L, Buckley R C, Wardle C, et al. (2015). Environmental and visitor management in a thousand protected areas in China. Biological Conservation, 181(1): 219−225.

项目策划：胥　波
责任编辑：陈　冰
责任印制：冯冬青
封面设计：路　平

图书在版编目（ＣＩＰ）数据

保护地转型与可持续旅游发展 : 理论与实践 / 吴必
虎等编著. -- 北京 : 中国旅游出版社, 2023.12
　　ISBN 978-7-5032-7226-4

　　Ⅰ. ①保… Ⅱ. ①吴… Ⅲ. ①自然保护区－旅游业发
展－研究－中国 Ⅳ. ①F592.3

中国国家版本馆CIP数据核字(2023)第215070号

书　　名：保护地转型与可持续旅游发展：理论与实践

作　　者：吴必虎等编著
出版发行：中国旅游出版社
　　　　　（北京静安东里 6 号　　邮编：100028）
　　　　　http://www.cttp.net.cn　　E-mail:cttp@mct.gov.cn
　　　　　营销中心电话：010-57377103，010-57377106
　　　　　读者服务部电话：010-57377107
排　　版：北京旅教文化传播有限公司
经　　销：全国各地新华书店
印　　刷：三河市灵山芝兰印刷有限公司
版　　次：2023 年 12 月第 1 版　2023 年 12 月第 1 次印刷
开　　本：710 毫米 ×1000 毫米　1/16
印　　张：15
字　　数：240 千
定　　价：58.00 元
Ｉ Ｓ Ｂ Ｎ　978-7-5032-7226-4